Gewidmet meiner Mutter
Anna Schartmüller

Impressum:

© 2017
Schartmüller IT GmbH
4230 Pregarten, Tragweiner Straße 52
FN 307774i
Mail: office@ra-pregarten.at – Tel.: 07236 8004
Text: Sepp Schartmüller
Illustrationen/Karikaturen: Rupert Hörbst – www.hoerbst.net
ISBN 978-3-200-05380-9
Urheberrechtliche Hersteller:
Das alleinige Recht zur Erteilung von Werknutzungsbewilligungen ist hinsichtlich der Texte bei Dr. Josef Schartmüller und hinsichtlich der Karikaturen bei Rupert Hörbst.

SCHERZ-ARTIKEL

Erinnerungen eines Wirtsbuben aus Erdmannsdorf

Sepp Schartmüller
Text

Rupert Hörbst
Karikaturen

Der Mut, die alten Wirtshausgeschichten niederzuschreiben, kommt mit den Jahren, gestärkt durch die Absicht, ein dörfliches Sittenbild der Nachkriegsjahre nicht verstauben zu lassen. Möglicherweise ist das eine letzte Chance, willkürlich zusammengewürfelte Erinnerungen für unsere Kinder und Kindeskinder zu erhalten.

Gedämpft wird Mut von der Scheu zu verletzen, bei Freunden und Nachkommen der Zentralfiguren in Ungnade zu fallen. Deswegen werden auch nur selten Familiennamen erwähnt, wenn überhaupt „Hausnamen", nur dort, wo es die Authentizität unbedingt verlangt.

Gestärkt wird der Mut schließlich durch die Freude und Ehre der Zusammenarbeit mit Rupert Hörbst, dem bekannten Karikaturisten und die Überzeugung, dass seine Zeichnungen die Texte ungeheuerliche aufwerten.

„Scherz-Artikel", Geschichten über Alois und Elisabeth Scherz stehen für alle folgenden Kurzgeschichten, die meisten mit einem rätselhaften, oft nur auf die Pointen gemünzten Titel, alle bewusst ausschweifend, manche wenige nur erst.

Sepp Schartmüller

Die Autoren

Die wichtigsten Autoren sind die Stammgäste des „Wirt z'Erdmannsdorf". Mir, Sepp Schartmüller, sind sie seit Bubenjahren in Erinnerung geblieben. Vielleicht haben diese fünf Jahrzehnte den Wahrheitsgehalt – falls ein solcher damals überhaupt gegeben war – noch einmal getrübt. Trotzdem ist es mir ein Bedürfnis gewesen, sie zu meinen Sechziger niederzuschreiben.

1957 geboren, die Eltern betrieben die Land- und Gastwirtschaft sowie den Gemischtwarenhandel in Gutau, Erdmannsdorf 2, im unteren Mühlviertel. Obwohl ich der Älteste der vier Kinder war, habe ich das Wirtshaus nicht übernehmen dürfen, „durfte" studieren.
Die Affinität zum Wirtsgewerbe hängt mir noch heute nach… Nach 35 Jahren in der Juristerei, im Ausklang des Berufslebens, geht dieser Wunsch in Erfüllung.

Rupert Hörbst

1967 geboren, im früheren Leben Lehrer, hat dann begonnen mit Karikaturen und Illustrationen seine ausschweifenden Gedanken aufs Papier zu bringen. Fünf eigene Karikaturbände, einige von ihm illustrierte Kinderbücher und zahlreiche Ausstellungen im In- und Ausland rechtfertigen diesen Schritt in die Selbständigkeit.
Die Zeichnungen zu den Scherz-Artikeln sind keineswegs als Portraitkarikaturen zu sehen. Die einzelnen Geschichten sind vielmehr Anstoß und Ausgangspunkt für weiterführendes Denken im Sinne und in der Art eines Karikaturisten.
„Was geht im Gehirn eines Menschen vor, der solche Bilder zeichnet?", wurde er einmal gefragt. Er weiß es selber nicht – und ist manchmal überrascht, manchmal erfreut und manchmal auch verwundert.

Inhaltsverzeichnis:

Lois	8	Goaß	65
Damenwahl	11	Schulden	68
Ballvergehen	14	Weibersterben	72
Pitscherl	18	Spanzin	75
Muffal Sepp	20	Dreschen	80
Erfahrungen	22	Briefträger	83
Alarm	25	Allerheiligen	87
Unwetter	26	Aas	90
Matschkern	28	Streithansl	94
Anstauba	31	Peepshow	99
Zwickl	34	Schaukelpferd	103
Sau-Koarl	38	Strauka	106
Max	43	Knabbergebäck	109
Steife Kuh	47	Fucking	112
Saustechn	49	Mysterium	116
Strohsack	52	Dessous	119
Löwingerbühne	54	Minnerl	122
Lehrer	58	Bürgermeister	126
Kaufvertrag	61	Lügenwirt	128

Lois

Der Lois ist ein eigenes Buch wert, dieser Versuchung widerstehe ich mit einigen Wirtshausgeschichten, die zu Erdmannsdorf passen. Er steht für den „kleinen Mann", nicht für den renommierten Bauern, er steht aber auch für die Einfachheit des Lebens vieler Kleinhäusler.

Alois Scherz (geboren 1899) kam aus dem steirischen Eisenerz. Als Bergknappe unter Tag durfte er bald in Pension gehen. Ohne Familie machte er sich mit dem Zug auf ins Mühlviertel, um dort sein „spätes Glück" zu finden. Nicht, dass er sich die große Liebe erhoffte, aber ein Weib um die vierzig, fleißig, kochen müsste sie können und wenn sie ein paar Tausender oder ein Fleckerl Baugrund als Mitgift mitbekommen würde, wäre das ja auch ein guter Anfang vom Ende, ein Hemd ohne Taschen…

Er selbst hatte unter Tag ja gut verdient und einiges zusammengespart, Bares, das er im Rucksack eingenäht hatte. Er verstand sich auf die Maurerei, was bei einem Schwiegervater durchaus Eindruck machen konnte.

Genagelte Arbeitsschuhe, Schafwollstutzen, eine Kniebundlederne, ein Walkjanker und letztlich ein Steirerhut bekleideten den stolzen 1,55 Meter Körper.

Dass er gerade beim Ruabhofer fündig wurde, hat er sich nicht verdient! Während alle irgendwie außer Haus kamen, die Anna in die Schweiz als Pflegerin, der Raimund als Schuster, der Hans als Maurer… ist die Ruabhofer Liesl im wahrsten Sinne des Wortes übrig geblieben. Damals zählte eine über vierzig Jährige freilich schon zu den alten Jungfern, die kaum mehr „anzubringen" waren und als „Last am Haus" blieben, kam da nicht ein „rettendes Zwergerl" wie der Lois.

Jedes Jahr ihres Lebens als „Überstandige" war wieder ein Jahr mehr an Frustration über das scheinbar unausweichliche

Schicksal, daneben eine verbale Bombe, die kaum zu entschärfen war. Sanftmut zu erwarten, war mutig! Lois war ja von Haus aus keiner, der auf den Tisch haute… leicht auszunehmen, wer bald die „Hosen anwhatte".

So waren „Scherz & Scherz" vereint, bis der Tod sie schied. Der Lois mag sich das in den Jahren der Ehe so manches Mal gewünscht haben, dass er der Letzte von den beiden wäre, ein Wunsch, den ihm der Herrgott (auch) nicht erfüllt hat. Einzig, wenn seine „Alte" zum Blumenbinden nach Linz fuhr, um dort ihrer Schwester zu helfen, hatte Alois Scherz Urlaub von der Ehe, welcher glückselige Zustand rein durch die Abwesenheit der Liesl bedingt war.

Wenn die Liesl an einem Sonntagnachmittag zum Bus nach Linz ging, wartete der Lois beim Baunschuster Backhäusl darauf, bis sie bei der Schartmüller Kapelle verschwunden war, dann begann das Leben! Auf zum „Bäck z'Erdmannsdorf", dem Wirtshaus meiner Eltern. Das Heimgehen vom Wirtshaus war merklich stressfreier, wenn oft auch mühselig. Einzig der Gedanke an die Wiederkehr der „Holden" ließ die Nervosität steigen, weil das Loch in der Haushaltskasse, deren Direktorin einzig die Liesl war, einer Erklärung bedurfte und so manches Mal zum Hausarrest führte. Die „Leiden des alten Scherz" sind Gegenstand einiger – beileibe nicht aller – der folgenden Geschichten.

Übrigens:
„Lois ist nicht immer Lois".

Damenwahl

Vielen unserer männlichen Geschlechtsgenossen wirft man heute noch vor: „Ja hast denn des net kennt *(vorausgesehen)*?"
Eine blöde Frage, nachher weiß man immer alles besser… Wahrscheinlich wäre der Scherz Alois alleine wieder in die Steiermark zurückgefahren, wenn er rechtzeitig gedeutet hätte, was ihm beim Ruabhofer geboten wurde, vielleicht hätte er sich besser umhören sollen über die Elisabeth…
Vielleicht, vielleicht, hätte, war i,… – sinnlos darüber zu philosophieren, den Lois hat das Schicksal wie der Blitz getroffen, unausweichlich!

Sie war keine Schönheit, die Liesl, er aber auch kein Märchenprinz. Verwöhnt war sie nicht und arbeitsam, das war das Wichtigste. Kindersegen durfte man sich sowieso keinen mehr erwarten. Mit dem „Geschäft in der Kammer" kannten sich beide nicht so recht aus. Der Lois hat im Rausch später manchmal behauptet, dass die Seine noch Jungfrau gewesen sei. Für möglich haben es alle gehalten…

In den Nachkriegsjahren waren Männer Mangelware. Bei dieser Wahnsinnsauswahl an feschen Bauerntöchtern fiel eine schnell durch den Rost. Wenn eine dann über die Vierzig ging, war oft kein „Büchsenöffner" *(Entjungferer)* mehr aufzutreiben oder es war zu mühselig, einen zu finden, ohne dass der Ruf gelitten hätte. Lustfördernd war wohl auch nicht Liesls Hygienedrang, die Körperpflege erschöpfte sich in einem wöchentlichen „feucht viara wischen" *(feuchte Intimpflege)*, Zahnbürste kannte sie natürlich auch keine. Bald wuchsen ihr die „Haare auf den Zähnen" als prächtiger Oberlippenbart. „G'schmackig" kam auch dem Lois das „Geschäft unter der Tuchent" nicht vor, wenn er auch einiges aufzuholen gehabt hätte…

Am wichtigsten war wohl nicht die Liebe sondern die Hoffnung, dass einem der Ehepartner einmal die „Treue tut", worin man nicht das Verbot des Fremdgehens, sondern die Verpflichtung zur Pflege in Kranken- und Altentagen verstand. Dem Alleinstehenden drohte sonst das Schicksal des „Einlegers".

„Weichende Erben", denen am Hof kein Ausgedinge zugeschrieben war, Handwerker im Altenteil und Taglöhner wurden in einer Gemeindeliste geführt. Je nach Größe eines bäuerlichen Anwesens mussten diese „Einleger" aufgenommen und verköstigt werden. Viele Bauern ließen sich nicht „lumpen" und waren auf ihren Ruf bedacht, besonders wenn die Einleger noch einigermaßen arbeitsfähig waren, also am Hof mitarbeiten konnten. Die alten Männer wurden mit dem „Dengeln" *(Sensen schärfen)*, Futtergras einbringen, der Obsternte und dergleichen beschäftigt, die Frauen in der Küche, beim Krauteinschneiden…

So mancher „kreuzmarode" *(Rücken geplagte)* oder kurzatmige Einleger fristete aber karge Tage in Strohsackbetten am Troadkostn *(Getreidekammer)* bei Kraut und Erdäpfeln, sodass sie froh waren, dem nächsten Hof zugeteilt zu werden.

Dem Lois blieb dieses Schicksal erspart. Gut dreißig Jahre unter einem Dach mit der Liesl waren der Preis dafür.

Ballvergehen

Der alte Tanzboden im Obergeschoß des Wirtshauses meiner Eltern wurde natürlich nicht nur für das einzigartige Ballereignis genützt sondern auch als Troadkasten. Ich kann mich nur an wenige Veranstaltungen im Saal erinnern, außer den regelmäßigen Feuerwehrbällen meist am ersten Sonntag im Jahr. Wenn ich nur an den Aufwand denke, der dafür getrieben wurde, fallen mir die heutigen Gastronomiebetriebe ein, die vom Ballveranstalter auch noch Geld für die Saalmiete verlangen!

In den frühen Zeiten des Mähdreschens mussten die kleinen Bauern überhaupt froh sein, dass der Brandmayr mit seinem Lohndrescher kam und sie in problematischen Wettertagen „eingeschoben" wurden. Das Getreide war daher meist feucht und drohte zu verschimmeln, sodass es bei uns am Tanzboden aufgeschüttet und oftmals gewendet werden musste.

Obwohl der alte Holzboden mit einer Plastikplane abgedeckt wurde, fanden sich immer noch genügend Ritzen, durch die das Korn in das Schlaraffenland für Mäuse zwischen den Polsterhölzern rieselte… Diese nagenden „Festgäste" hatten Mäusekirtag von August bis Weihnachten und waren im benachbarten Kinderzimmer jede Nacht zu hören und wir fürchteten uns davor, dass uns der eine oder andere Tanzbodengast heimsuchte, lange bevor der Ball noch begonnen hatte.

Am Stefanietag, dem 26. Dezember, wurde begonnen, die gesamte Getreideernte in Jutesäcke zu füllen, über die enge Stiege, das Vorhaus und über die Straße in das Auszugshäusl zu tragen, um es dort zwischenzulagern. Das war tagelange Kreuzweharbeit, denn ein Weizensack konnte schon weit über fünfzig Kilo wiegen. Das Elternschlafzimmer und unser Kinderzimmer wurden „abgebaut", die Möbel demontiert, weil der Saal so klein war, dass man diese Räume als „Sitzzimmer" benötigte. Da hatten wir nächtens dann im „Häusl" wieder unsere Gaudi auf dem Matratzenlager, auch unseren Eltern standen dann zwei Wochen keine ordentlichen Betten zur Verfügung. Am Rande sei noch gesagt, dass das Auszugshäusl kein Fließwasser, damit natürlich auch nur ein Plumpsklo hatte und unbeheizt war. Deswegen war man dann doch wieder froh, wenn in den letzten Ferientagen die Möblage wieder zurück übersiedelt wurde…

Für die „Geschäftsleute" begann der Ball schon um drei Uhr nachmittags. Es war für die Wirte, Greißler und sonstige Handelsleute in der Gemeinde eine Pflicht, nach Erdmanndorf zum Feuerwehrball zu gehen, weil sie fürchteten, ansonsten von den Feuerwehren im folgenden Jahr gemieden zu werden. Die „Lustigen Erdmannsdorfer" spielten auf, von drei Uhr nachmittags bis vier Uhr früh, eine anstrengende Sache! Natürlich musste die Musik vom Wirt „freigehalten" werden. Manchmal zweifelte man an der „Kondition" des Bandleaders, wenn er um sieben Uhr abends schon etwas gezeichnet verkündete: „Die Musik hat einen Durst, sonst spielen wir den Lawostella!" *(La Bostella – ein damaliger Modetanz)*. Das war das höchste Alarmzeichen für die Kellnerleute, wieder eine Runde Bier am Bühnenrand abzustellen. Der Tanz „Lawostella" war durch das synchrone Hüpfen der Tanzenden dafür berüchtigt, dass die Auflager des Tanzbodens in der darunterliegenden Gaststube aus dem Steinmauerwerk auszurieseln drohten. Dafür hatte mein Vater immer schon vorgebeugt, indem er unter dem „Rüstbaum" *(geschnitzter Zierbalken)* der Gaststube in aller Eile Holzsteher zwischen den dort dinierenden Gästen aufpflanzte.

Das „Sodom und Gomorrha" war die Schnapsbude *(Bar)*, wo in dieser Nacht alles erlaubt, was während des sonstigen Jahres verboten war… Wäre ich damals Staatsanwalt der heutigen Zeit gewesen – ich hatte mit fünfzehn Jahren die Ausschank in der Schnapsbude inne – wäre wohl die FF Erdmannsdorf in der

Woche nach dem Feuerwehrball nicht mehr einsatzfähig gewesen, viele wären „gesessen", wenn das „Grapschen" damals schon verboten gewesen wäre. Da waren aber auch die Frauen nicht ausgenommen. Alle gingen freiwillig mit in das finstere Loch von vielleicht 15 m², in dem 30 – 40 Leute „Brust an Brust" standen, und „getaugt" hat's jedem und jeder. Die busige Bäuerin hat sich den viel kleineren Toni einige Male zum Tanzen geholt, ihn „eingezwickt", dass er fünf Zentimeter über dem Boden im Walzertakt schwebte, um dann gleich die sündige Bude zu erreichen. Nicht umsonst wurde ein Drittel des Ballumsatzes in der Schnapsbude gemacht!

Übrigens: Geschmust wurde bei solchen Ereignissen mit der Nachbarin oder dem Nachbarn viel mehr als heute…

Pitscherl

Der aufregendste Tag des Jahres war für die Scherzleut der Sonntag des jährlichen Feuerwehrballs beim Wirt z'Erdmannsdorf. Sie hatten die Garderobe im Auszugshäusl gegenüber dem Wirtshaus zu betreiben, natürlich auf eigene Rechnung.
Heute würde man sagen: N-E-N

NOTWENDIG: In den Sechzigerjahren fuhr ja noch kaum wer mit dem Auto zum gesellschaftlichen Ereignis Nr. 1, sondern mit dem Motorrad oder man ging zu Fuß. In beiden Fällen die Tanzschuhe in einem Plastiksack (allenfalls auch ein Doppler Most, wie vielleicht noch einmal zu erzählen sein wird). Auch der Wintermantel durfte nicht auf den Tanzboden mitgebracht werden.

EINTRÄGLICH: Da kamen schon einmal mehr als 100,- Schilling zusammen in so einer Ballnacht, das war allemal der Mühe wert.

NACHHALTIG: Dieses Wort kannte man zwar damals noch nicht, es erklärt sich aber folgendermaßen:
Schon als kleiner Bub wunderte es mich, dass sich die Scherzleut von der Puchingerin und der Baunschuasterin die Milchpitscherl *(Milchkannen)* ausgeliehen haben. Als ich dann die Schank am Tanzboden übernehmen durfte, wusste ich warum:
Der Betrieb der Garderobe brachte den Vorteil mit sich, bei fortgeschrittener Ballnacht über den Besucherstand am Tanzboden am Laufenden zu sein. Das Gewand der „Hutzenbleiber" kannte man und man wusste, dass diese in der Gaststube ihren Rausch vervollständigten. Da war es höchste Zeit, die Aufsichtspflicht über die anvertrauten Schätze zu vernachlässigen und bevor die Kellnerinnen abräumten, in den Ballsaal zu huschen und mit den Noagerln *(Getränkeresten)* an den Tischen die Pitscherl zu füllen. Wenn das Rotweinpitscherl voll war, füllte man die roten Restl auch in die Weißweinpitscherl, nur „ja nix hintlassen". So kamen die ScherzLeut nicht nur zu einem guten Körberlgeld, sondern sollen

letzteres (das Körberl) in der darauffolgenden Woche nur selten verlassen haben bis die sechs Liter in den vier Pitscherln leer und der Lois und die Liesl voll waren, dagegen hatte auch die Liesl nichts...

Muffal Sepp

Es war ja nicht so, dass die Liesl in ihrer Sparsamkeit zu dem einen oder anderen Achterl oder einer halbe Bier Nein sagte. Nur kosten sollt's halt nix! Der Muffal Sepp, ein alter Weidmann und Spitzbub, dem war nichts zu blöd und auch zu grauslich. Wenn die Scherzin am Tisch saß, machte er sich oft eine Gaudi, weil er wusste, was sie für einen Gratistrunk zu tun bereit war.

Vom Ball der Freiwilligen Feuerwehr Erdmannsdorf wird noch einige Male zu berichten sein, das gesellschaftliche Großereignis des Jahres! Am ersten Sonntag im Jahr war man bei den letzten Vorbereitungen, der Ballsaal wurde dekoriert, die Bretter des Tanzbodens mit „Federweiß" eingestaubt, damit das Tanzen auch einigermaßen möglich war, wenn der Boden auch dort und da mit Blechplatten zugenagelt war, um die Mauslöcher zu kaschieren. Der „Tanzmeister" *(heute würde man sagen: Taxitänzer)* hatte schon seine Schärpe um, der Feuerwehrhauptmann war nervös wegen der Eröffnungsansprache. Die Scherz-Leute hatten ihre Garderobe ballreif gemacht und wurden wieder einmal an den Stammtisch eingeladen.

„Ich zahl dir einen Liter, wenn ich es schaffe, dir beim Schmusen die Zähne herauszuangeln", war das Wettangebot des Muffal Sepp an die Scherzin vor Ballbeginn um zwei Uhr Nachmittag. Die Liesl hat diese Wette natürlich angenommen. Zehn Minuten später kotzten einige Stammgäste über die „Gred" *(Wirtshauszugang)*, sodass meine Mutter angesichts der kommenden Ballgäste bei ihrer vielen Arbeit in der Wirtskuchl auch noch mit einem Wasserkübel den Saustall vor dem Gasthaus wegputzen musste…
Der Sepp hat es geschafft und den Liter gezahlt…

Erfahrungen

Der Hang des Raimund zum weiblichen Geschlecht als „Verbalerotiker" war bekannt und seinem Geschäft als Versicherungsvertreter durchaus förderlich, seiner eigentlichen Berufung als Feuerwehrkommandant nicht hinderlich.

Jede Bäuerin ab einer gewissen Oberweite wurde mit den nicht allzu erotischen Worten „Mutti, Mutti" angeredet, wobei die Hände weiß Gott wo im Spiel waren. So dauerte es auch mindestens den ganzen November und Dezember, bis Raimund die Jahreskalender von der Versicherung ausgetragen hatte, weil er oft an einem Tag nur einen Bauern besuchen konnte, so üppig wie die Bäuerin war, wurde er auch bewirtet, während er seine Zigarettensorte „Austria C" (natürlich filterlos) bis auf den letzten Millimeter zusammenrauchte, dass ihm die Zungenspitze brannte.

Woher hatte der Raimund diese Liebe zur Weiblichkeit? Seine Klothilde war ja eher eine Trockenblume…

Es muss wohl daher kommen, dass er es war, der in Zeiten seiner Selbstständigkeit als Schuster beim Anmessen der Damenstiefel besondere Genauigkeit walten ließ und dem Vernehmen nach die Winterstiefel nach dem Konus der Oberschenkel anfertigte und so mancher unter den Kittel fühlte, was andere Berufe (wie etwa Rauchfangkehrer) und oft auch die Ehemänner nicht durften.

Alarm

Wenn man heute sagt, dass „früher die Winter noch Winter waren", dann bestätigt das die Erinnerung an das Schneeschaufeln. Der damalige Hohlweg zwischen Dorf und Feuerwehrdepot musste mehrmals im Winter freigeschaufelt werden, dazu versammelten sich die Bauern nach der morgendlichen Stallarbeit im Wirtshaus und schaufelten – manchmal in zwei Etagen – einige Stunden, bis die Bezirksstraße wieder mit Fuhrwerken befahrbar war.

Danach kehrte man ein und hat das Robotgeld, das dafür von der Gemeinde bezahlt wurde, versoffen, bis die abendliche Stallarbeit wieder gerufen hat. Bei dieser Nachmittagsgaudi im Wirtshaus fiel der Runde so mancher Unfug ein.

Der Lois war ein fanatischer Feuerwehrer, noch mehr als die anderen und für seine Einsatzfreude bekannt. Nach etlichen „Buderln" *(großer Kornschnaps)* ist er früh nach Hause gegangen, um sich auf dem Ottoman *(sofaähnliche, gepolsterte Sitzbank)* auszuruhen, als er von lautem Geschrei „brenna duats" just aus dem Schlaf gerissen wurde, in den Overall und die Gummistiefel sprang, den Helm aufsetzte und zur Haustür stürzte.

Davor eine weiße Wand! Zum Stadltor: Geht auch nicht auf! Fluchend war er eingesperrt.

Den Schneeschauflern war es nicht zu blöd, vor der Haustür einen Haufen Schnee aufzuschütten und das Tor von außen zu verriegeln.

Nach der „Befreiung" vom Lois war er wieder munter und hat das Gespött mit einigen Buderln hinuntergeschluckt. Seiner Hilfsbereitschaft hat das keinen Abbruch getan…

Unwetter

Der Scherz Lois hat Häusl gebaut, so, wie es die beiden „Zwerge" gebraucht haben. Eine Wohnküche, ein Schlafzimmer, einen Goaßstall, hinsichtlich der Größe auf sie zugeschnitten. Durchgangslichte bei den Türen 1,80 Meter. Vom Vorhaus in den Stall hinunter zu kommen, war für Normalwüchsige eine „Kreuzwehsache".

Die Liesl ging zu den Bauern robotten und durfte dafür nach der Ernte die liegen gebliebenen Ähren einsammeln. Der Lois verstand sich eben auf die Maurerei, sodass man fürs Häuslbauen nur die Materialkosten hatte. Ein bisschen Pfuschengehen, hin und wieder vergönnte er sich auch ein paar Halbe beim Wirt, vornehmlich wenn er eingeladen wurde, da musste er sich zu Hause nicht das Gezetere anhören „wieder alles versoffen zu haben…".

Den Lois hat man aber auch gerne eingeladen, weil er ein gemütlicher Stammgast war, dessen Schicksal man kannte und der höchstens einmal über seine Heimat erzählte.

Sein „Ziehsohn" war der Strohsack Hans, ein junger Bursche, der unerschrocken der Liesl ins Auge blickte, wenn es eng wurde. Ich habe den Scherz Alois nur mit „Gehstock" in Erinnerung, dafür nahm er immer einen schwarzen Regenschirm, den er Winter und Sommer trug. Für die paar hundert Meter Heimweg vom Wirtshaus genügte diese Gehhilfe oft nicht mehr...

Als ihn der Hans wieder einmal in einem bedenklichen Zustand heimbrachte und das Gekeife losging („Du angesoffene Sau, vertuast das ganze Geld…"), setzte sich der Lois auf den Ottoman *(sofaähnliche, gepolsterte Sitzbank)* und winselte, nachdem er den Regenschirm aufgespannt hat: „Man lasse das Unwetter vorübergehen".

Matschkern

Sogar um die Tschickstummel ging es beim Wirt z'Erdmannsdorf zu. Fast jeder Mann hat geraucht, oft ein Zeug, das heute nicht mehr im Handel ist. Neben der Gast- und der Landwirtschaft gab es beim Bäck z'Erdmannsdorf *(Hausname)* natürlich auch eine Trafik, zu Zeiten, wo das Schachterl „Dreier" (20 Stück) noch drei Schilling kostete. Neben diesen gab es auch noch die „Austria C" und andere filterlose Zigaretten und billige Zigarren. Die EU verlangte noch keine Schreckensbilder auf den Packungen, die Wirtshausbrüder husteten und spuckten oft einfach auf den Holzfußboden der Gaststube. Diese musste zumindest einmal jährlich ausgemalt werden, so gelb wurden die weiß getünchten Steinmauern vom Zigarettenrauch. Als ich im Jahr 2000 die schön geschnitzte Dübeltramdecke samt den Rüstbäumen *(Hauptträgern)* und der Jahreszahl 1795 abbeizte, kamen etliche Lackschichten in abwechselnd dunkelbraun und beige zum Vorschein, damit waren die feinen Schnitzereien wieder freigelegt.

Wenn sich die alten Böckelhoferleut am Sonntagnachmittag einen Gasthausbesuch gönnten, hat er Virginier geraucht und „gematschkert" *(Tabak gekaut)*, nachdem er – etwas verstohlen – mit einer Hand in den vollen Aschenbecher gegriffen und geschickt die Zigarettenstummel so bearbeitete, dass bald das bisschen restlicher Tabak von der Asche und dem Papier getrennt war. Sobald ein Häufchen Tabak beisammen war, hatte er flugs einen Knödel geformt und in den Mund gesteckt. Die Mühlviertler Version des Kautabaks bot ihm dann lange einen Genuss, bis er den „Matschker" oft auf den Boden spuckte und sich eine Virginier anzündete. Das Putzen der Gaststube war für die Wirtin oft eine mühselige Arbeit. Mutter schrubbte stundenlang mit einer Reisbürste, auf den Knien dahinrutschend, die ausgetretenen Dielen. Dann musste der Wirtshausbetrieb für einige Stunden in die Küche ausweichen, damit die Stube „trocken wurde".

Wenn man immer wieder hört: „Sie hat gematschkert, weil er angesoffen heimgekommen ist", mag es vielleicht damit zusammenhängen, dass beim Kauen ständig die Pappalatur *(Mundwerk)* in Bewegung war…

Anstauba

„Liebesgeschichten und Heiratssachen", „Parship", „Speeddating" und so etwas gab es natürlich noch nicht. Dennoch mussten die „Richtigen zusammengebracht" werden. Wer „richtig" war, bestimmte meist der Vater, dies nach dem Motto „Liebe vergeht, Grundbuch besteht".

Die schneidigen Burschen waren natürlich auf jedem Tanzboden und in der dazugehörigen Schnapsbude anzutreffen und taten sich leicht, ihre Erfahrungen zu sammeln. Auch die Mädchen waren oft nicht prüde. In den Schnapsbuden und am Rande oder außerhalb des Festgeländes spielte es sich ab, da würde manche Pfarrersköchin rot werden… Daneben wurde auch noch „Fensterln" gegangen.

Die Besitzer eines ansehnlichen Anwesens außerhalb des Dorfes hatten keine Kinder und daher den Hüterbub Franzl schon in seinen frühen Zeiten sittlich zur Hofübernahme erzogen. Ein braver und arbeitsamer Bub brauchte „das Mentschergehen" nicht, das halte ihn nur von der Arbeit ab und brächte ihn nur auf dumme Gedanken.

Als die Zeit der Hofübernahme gekommen war, musste natürlich – dem stattlichen Hof angemessen – geheiratet werden, was der Altbauer wie folgt in die Hand nahm:

Es wurde ein sogenannter „Anstauber" – heute würde man ihn „Heiratsvermittler" nennen – eingeladen, um mit ihm am Sonntagnachmittag „über die Sach' zu reden". Es gab ja viele solche Spunde *(Typen)*, die es sich zum Hobby machten, „Stadschauende" *(Mauerblümchen)* zu verkuppeln, aber auch Profis, die sich mit ihrem Wissen durch die Provision im Erfolgsfall ihr Geld verdienten. Wo erfuhr man am leichtesten, wer „auf dem Markt" war? – Im Wirtshaus!

Der Anstauber war auf die Einladung gut vorbereitet, die Bauersleut schilderten ihm, was die Braut an Mitgift mitzubringen habe, welche Heiratsausstattung man erwarte, Alter und Aussehen seien nicht der Rede wert. Der Bräutigam hatte keine Gelegenheit, einen Wunsch einzuzwicken. Damit die Sache auch seine Gewichtigkeit hatte, wurde ordentlich aufgetischt und reichlich Most eingeschenkt. Während der Bub schon bei der Stallarbeit war, haben die Altbauersleut den Gast verabschiedet, nicht ohne nochmals die Höhe der notwendigen Mitgift zu wiederholen. Am nächsten Sonntag konnte der Anstauber schon über den Erfolg seiner Ermittlungen berichten: „Da hätten wir zwei, die in Frage kommen. Beide kriegen sie das gleiche mit und beide sind fleißig. Die eine ist etwas schöner, die andere etwas „schiacher".
Die Übergeber waren erleichtert und fragten erstmals den Franzl: „Bub, welche willst?"

Am Sonntag darauf war der Landauer *(Pferdekutsche)* eingespannt, um die Sache „g'wiss" *(fix)* zu machen, drei Wochen später war die Hochzeit.

Der Franz erzählte später als Vater von sieben Kindern und renommierter Bauer: „Da bin ich dagestanden! Nimmst die Schönere oder nimmst die Schiachere? Ich habe gedacht, ich nehme die Schönere, die frisst auch nicht mehr als wie die Schiache."

Zwickl

Dass die Leute früher viel kleinwüchsiger waren, hat den Autor Friedrich Schober in dem im Jahr 1969 erschienen Buch „Gutau – Ein Heimatbuch des Marktes und seiner Umgebung" zu folgendem Satz verleitet, der zu einem „Volksaufstand" führte :

„… besonders in den Dörfern Schnabling, Fürling und Nussbaum, denn da die Arbeit viel und beschwerlich, die Nahrung aber gering und kümmerlich ist, findet man hier so viele kleine, zwergenartige und für schwere Arbeit zu schwache Menschen. Die meisten leben vom Ackerbau, nur wenige haben ein Handwerk wie Schmiede, Weberei und Bäckerei zur Unterstützung. Manche haben auch Schenke und betreiben Flachsbau. Aufrührerisch sind die Grundbesitzer nicht, auch nicht dem Trunk ergeben, denn hiezu fehlen ihnen die Mittel. Aber in den drei Ortschaften gibt es viele widerspenstige Köpfe, die öfter nur mit Zwang zur Erfüllung politisch allgemeiner Gesetze, als auch obrigkeitlicher Aufträge gebracht werden können, was aber in ihrer kummervollen Lebensart seinen Grund hat."

(Zitat: Friedrich Schober „Gutau – Ein Heimatbuch des Marktes und seiner Umgebung", Seite 227 f).

Das Heimatbuch war in den erwähnten Ortschaften praktisch unverkäuflich, der Wurmbauer, ein großgewachsener Mann aus dieser Region und angesehener Gemeinderat hatte zum Boykott des Gemeinderatsbeschlusses, dass jeder Haushalt ein Heimatbuch kaufen müsse, aufgerufen, ganz gegen die Absichten seines Parteikollegen und Bürgermeisters Josef Linder.

…

Wenn „kleine Menschen" erwähnt wurden, so galt das auch für Erdmannsdorf, wenn ich nur an die Scherz-Leute, den Schober Raimund und viele andere Figuren dieser Geschichten erinnere.

So auch an die mir unbekannte Bäuerin, die den Tierarzt Dr. Bartl zu Besuch hatte, um die Schweine gegen den Rotlauf zu impfen. Nach getaner Arbeit klagte sie ihm ihre Beschwerde, dass es sie im Schritt immer zwicke, wenn sie aus dem Stall komme.

Der Mediziner nahm sich der Beschwerde an, schaute nach, nahm eine Schere aus seiner Arzttasche und schnipselte herum, was der Bäuerin Erleichterung und dem Doktor Dank verschaffte.

Als Dr. Bartl einige Zeit später wieder am Hof zu tun hatte, vernahm er wieder das Wehklagen der Bäuerin und wiederholte seinen Eingriff.

Die Bäuerin fiel geradezu in Euphorie über die plötzliche Linderung und fragte den Tierarzt nach deren Ursache: „Die Gummistiefel deines Mannes habe ich dir etwas verkürzt", gab er in seinem Hochdeutsch die Therapie preis.

Sau-Koarl

Im Unteren Mühlviertel gab es kaum einen Bauern oder eine Bäuerin, schon gar keinen Wirt, der den blauen VW-Pritschenwagen vom Sau-Koarl nicht schon von weitem kannte. Er, ein äußerst geselliger Mann, der nicht nur aus geschäftlichen Gründen, dem Ferkelhandel, viel zu reden wusste, sondern auch immer Neuigkeiten von Dorf zu Dorf, besser von Gaststube zu Gaststube trug.

Auf der Ladefläche standen einige Holzkisten, in denen sich seine „Handelsware" tummelte, oft auch Durst litt, während der Sau-Koarl diesen nicht erleidete… Im Winter wurden einige Rosshaardecken über die Ferkelkisten geworfen, schnäuzen durften die kleinen Viecher ja nicht, wenn sie den Besitzer wechselten. Freilich waren sie oft nicht lange auf der Ladefläche, weil der Koarl im nächsten Wirtshaus schnell einen Abnehmer für zwei oder drei Stück fand. Der Bauer wollte seiner Frau schließlich eine Freude (oder Mehrarbeit) machen, wenn er mit einem Jutesack voller Ferkel heimkam, die dann im Saustall gemästet wurden, um in der kälteren Jahreszeit mit einem Lebendgewicht von 120 kg und mehr ihrer „Bestimmung" zugeführt zu werden. Mageres Fleisch war nicht begehrt. Da zahle sich ja das Füttern nicht aus. Sowohl dem Sonntagsbraten als auch dem Geselchten gebe das Fett erst den richtigen Geschmack.

Bei Bedarf schaffte die Bäuerin ihrem Mann an, sobald er den Sau-Koarl im Wirtshaus treffe, die von ihr bestimmte Anzahl von Ferkeln zum noch auszuhandelnden Preis zu kaufen oder zu bestellen.

Der Satzinger Lois war eine Legende als Briefträger und nicht weniger beliebt als der Koarl. Seine Frau betrieb zu Hause die Landwirtschaft, während er seinem besonders anstrengenden Beruf nachging. Die Bestellung war in Auftrag gegeben und ausgemacht, dass die Jungsauen zum bestimmten Tag und zur bestimmten Zeit vom Sau-Koarl beim Wirt in der Fürling zu übergeben waren.

Der Briefträger hatte in einer alkoholgeschwängerten

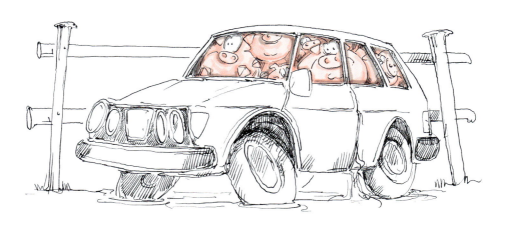

Stunde ohne Wissen seiner Frau einen funkelnagelneuen Saab – für damalige Verhältnisse eine Luxuslimousine – gekauft. Just am Tage der Ferkelübergabe fand auch der Eintausch des „Schlittens" gegen Rückgabe seines VW-Käfers statt.

Der Lois war unruhig, man möchte sagen, er hat das Heimkommen oder viel mehr seine Frau gefürchtet, wissend, dass zwar das Auto, aber nicht dessen Kauf bei seiner sparsamen Bäuerin gut ankommen werde, schließlich hätte sie ihm eine ganze Liste von Investitionen aufzählen können, die wichtiger waren als ein neues Auto, noch dazu so eines…

Der Respekt vor seiner Frau wurde auch von Halbe zu Halbe nicht weniger, schließlich stand der Saab vor dem Fürlinger-Wirt, der blaue Pritschenwagen daneben, fünf Ferkel wurden in „Troadsäcke" *(Jutesäcke)* umgeladen und der Briefträger fand es vorteilhaft, den Aufbruch nach Hause noch zu verschieben, bis es finster war und seine Frau das Auto noch nicht beanstanden konnte. So wollte er sich zumindest heute in seiner ohnedies schon schlechten Verfassung das Gezetere ersparen, es zumindest verschieben.

Die Stunden vergingen im Wirtshaus wie im Flug, der stressbedingte Zustand vom Lois war bedenklich, als er des Nachts den Saab hinterm Haus im Obstgarten abstellte und nach der Haustür tappte.

Briefträger müssen frühmorgens in den Dienst, an Diensteifer mangelte es auch beim Lois nicht, der neue Saab wurde gestartet, noch bevor seine Milli aufwachte. Dass er die Ferkel in seinem Rausch im Auto vergessen hatte, bemerkte er erst nach einigen Kilometern, die Schneid, noch einmal umzukehren, fand er auch im Restalkohol nicht und bis zum Abend waren es geschlagene vierundzwanzig Stunden, die die jungen Tiere im neuen Saab-Kombi mit seinen flauschigen Teppichböden ausharren mussten und dabei natürlich auch ihre ängstlichen Geschäfte im Trennungsschmerz von der Mutter verrichteten.

Dass der Briefträger den Saab viele Jahre besessen hatte, war nicht nur der Qualität dieser Automarke zu verdanken, sondern auch dessen Unverkäuflichkeit, weil sich der Saudreck nie mehr so richtig verflüchtigte.

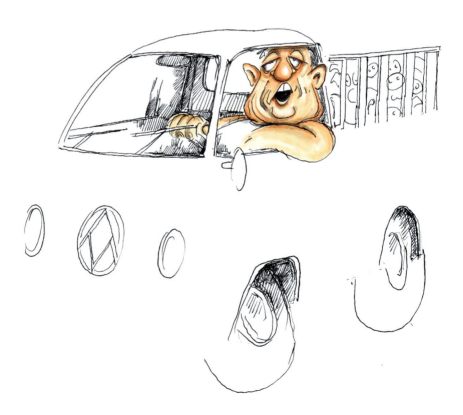

Max

Die Anziehungskraft des Sau-Koarl war geradezu magisch, sodass der alte Max, der Noriker vom Nachbarn, der ihm als einziges Roß im Stall treu diente, solange ich zurück denken kann, gar nicht mehr auf das „Jöha" *(gebräuchliches Kutscherwort für „Halt!")* wartete, wenn der blaue VW-Pritschenwagen erst den Erdmannsdorfer Berg heraufkam. Das „Loazei" *(Zügel)* wurde um die Anzn *(Führbügel des Pfluges)* geschlagen und der Max blieb am Feuerwehrfeld in der Furche der Erdäpfelroan *(Kartoffelzeilen)* auch bei der größten Hitze manchmal stundenlang stehen.

Das Herrl erfuhr derweil das Aktuellste aus dem Rayon des Ferkelhändlers: wer gestorben war, wem die Bäuerin davongelaufen ist, weil er zu viel gesoffen hat, wessen Kuh verendet ist, weil sie „in den Klee gekommen ist" und „es sie dann gebläht" *(tödlich aufgebläht)* hat, wer „zusammengeheiratet" hat, usw… Dann kam vielleicht auch noch der Schober Raimund dazu, als er vom neuen Kipptor des Feuerwehrzeughauses die Krautwürmer abgeklaubt und in einen Kübel neben dem Pritschenwagen abstellte. Der Ort dieses Gedankenaustausches war natürlich das Wirtshaus, der Stammtisch neben dem Kachelofen, hinter dem ich mich oft versteckte, dort der Weisheiten lauschte und mir manche bis heute gemerkt habe.

Als es dem Max dann doch zu blöd wurde und endlich mit eingespanntem Pflug – keine Erdäpfelstaude zertretend – heimwärts ging, kratzte der führerlose Pflug laut auf dem Asphalt, bis Max vor seinem Stadltor zum Stehen kam und die Bäuerin wusste, dass die Feldarbeit schon lange zu Ende war. Das Pferd wurde ausgeschirrt, gut gefüttert und hatte damit sein Tagwerk getan.

Weder die mangelnde Auslastung des Max noch gar sein dadurch bedingter Übermut sollen der Grund dafür gewesen sein, schließlich jemanden erschlagen zu haben.

Wie es bei kleinen Bauern üblich war, standen Jungvieh, Kühe, Ochsen und Pferde im gemeinsamen, finsteren Stall. Als „Mali", die beste Kuh, „stierte" (*befruchtungswillig war*) und sich in ihrer Brünstigkeit losriss, um den „Max" solange zu sekkieren und auf ihn „aufritt", bis er schließlich mit den Hinterbeinen ausschlug, was der „Mali" ihr Lebensende bedeutete. Die Nachbarsleute haben es ihm verziehen.

Steife Kuh

Die vom Noriker Max umgebrachte Kuh Mali lag beim Stallgehen in der Früh stocksteif und so blöd vor der vorderen Stalltüre, dass man nur von der Misthaufenseite hineingelangen konnte.

Der Nachbar klagte nicht lange über den argen Verlust, was seine Frau so gar nicht verstehen konnte. Als Mann der Tat und nach ein Paar „Buderl" *(1/16 Liter Kornschnaps)* war die erste Wut vorbei und er beriet sich mit meinem Vater, der damals schon einen Traktor besaß, über die Bergung der toten Kuh. Der „Schinder" *(Tierkörperverwerter)* wurde verständigt und hatte die Abholung für Mittag angesagt. Der Warchalowski *(Traktormarke)* wurde gestartet, ein Drahtseil ausgerollt, um die Tierleiche aus dem Stall zu ziehen.

Freilich waren die schon in vorangegangenen Geschichten beschriebenen Stallungen nur mit kleinen Fenstern ausgestattet, damit es im Winter das Wasser nicht abfrieren konnte und die Tiere es warm hatten, auch die Türen waren „Gehtüren", gerade einmal so breit, dass man mit der Mistscheibtruhe durchfahren konnte.

Dass auch der Kadaver durchgezogen werden konnte, schien illusorisch, bis mein Vater auf die Idee kam: „Lois, wir massen *(befestigen)* das Drahtseil um den Kuhschädl, drah'n die Leich auf den Buckl, du hältst sie dann und i zah mit'm Traktor an!"

Drahtseil um den Schädel, Kuh auf den Buckl, Warchalowski gestartet, der Nachbar plagt sich mit der Fixierung, vielleicht hat man sich verschätzt oder der Bauer hat die Kuh nicht mehr in der Idealstellung gehalten... Der Türstock der Stalltüre ist geflogen, die Überleger auch und es war ein Loch in der Stallmauer, durch das man mit jedem Traktor durchfahren konnte!

Übrigens alte Ställe: Die Schmitt Miatz soll ihren Goaßstall *(Ziegenstall)* solange nicht ausgemistet und anstatt dessen die Anbindekette ihrer Ziegen einfach verlängert haben, bis der Tierarzt Dr. Bartl zum Impfen kam und vorher anordnen musste: „Frau Herzog, holen S' die Geiß herunter!"

Saustechn

Die besten Freunde Franz und Lois verstanden sich aufs Saustechen. Das war nicht jedermanns Sache und deswegen wurden sie in der kalten Jahreszeit dazu eingeladen. Gefriertruhen, um in der warmen Jahreszeit schlachten zu können, gab es noch auf keinem Hof.

Den ersten Kühlschrank habe ich Mitte der Sechzigerjahre im Kühlhaus in Gutau gesehen. Wegen des Wirtshausbetriebes hatte mein Vater dort eine Kühlvitrine angemietet. Am Bürgertag *(jeden Donnerstag abends)*, wenn er sowieso zum Fragner-Wirt nach Gutau fuhr, hat ihm die Mutter angeschafft, welches Fleisch er für die Sonntagsausspeisung mitnehmen sollte. Manchmal hat er am Freitag gemeint, er hätte das Fleisch auch kaufen können, weil es beim Tarockspiel gar nicht gelaufen ist und die Zeche auch noch dazu gekommen sei.

Der Lois und der Franz waren beim Staninger Saustechen. Das war keine Arbeit für ein paar Stunden. Um neun Uhr musste das Wasser heiß sein, wenn nicht, wurde der erste – zur Arbeit passende – Tee mit Rum oder Kornschnaps (meist Rum mit Tee oder Schnaps mit Tee) zu sich genommen.

Bis alle Arbeit getan war, war es finster und die beiden waren am Fußweg Richtung Dorf, als der eine sein menschliches großes Bedürfnis äußerte, der andere aber anmerkte, dass man ohnedies nicht mehr weit zum Wirt habe und im Übrigen die hohe Schneelage und der Alkoholspiegel ein gefahrloses Hocken beim Immerle-Stadl nicht zugelassen hätte.

...

Dann kam die rettende Idee. Die beiden gingen einige Schritte von der Straße weg in Richtung Stadl, ließen beide die Hosen herunter, lehnten sich mit den Buckeln *(Rücken)* zusammen, einer schrie „obi!" *(hinunter)* und man begab sich in die Idealstellung für dieses Geschäft, ohne dabei umzufallen.

Der Franz griff allerdings heimlich nach der Hose seines Saustecherkollegen, sodass das Bedürfnis beider dort drinnen landete. Mit „auf" kam man mühselig in die Standposition, richtete seine Kleidung wieder und heim ging es. Dem Vorschlag, doch noch beim Wirten einzukehren, konnte einer der Hosenträger nichts mehr abgewinnen.

Strohsack

In den Sechziger- und Siebzigerjahren war die Heuernte noch körperlich anstrengend, wiewohl es schon technische Hilfsmittel gab, die die Arbeit wesentlich erleichterten.

Musste man vorher noch das eingefahrene Heu von der Tenne mühselig mit Gabeln auf den Heustock heben, so ersparte das Windgebläse „Taifun" diese Mühen und war deshalb bald auch bei unseren Kleinbauern zu finden.

Zunächst angetrieben mit einem Dieselmotor, den man auch für den Betrieb des Dreschwagens brauchte, hatte man bald mobile Elektromotoren, die man oft von Bauer zu Bauer verliehen hat.

Die ersten Modelle waren reine Windgebläse, die Wind erzeugende Taufel kam also mit dem Heu nicht in Berührung. Vom Gebläse mit Hocheinwurf führten dann groß dimensionierte Blechrohre bis zum Auswurf im Stadl, wo sich das Heu oft am dafür nicht gedachten Gesperre des Dachstuhls schlug und die Haufen im Staub meist von den Frauen auseinander geräumt werden mussten. „Chinesenmasken" hatte man noch keine, die Schweinepest, für die sie viele Jahre später gratis ausgegeben wurden, war kein Thema. So war die Heueinfuhr für die Bäuerinnen eine staubige Sache, hatten doch auch viele von der schweren Alltagsarbeit einen „offenen Fuß" *(Venenprobleme)*, das ständige Stechen des Heus beim Waten im Heustock tat sein Übriges.

Während die Bauern die Heufuhren heimbrachten, war es Sache der Kinder oder der Auszügler, vom Leiterwagen das Heu in das Gebläse zu werfen.

Der „Strohsack Hans" erzählte vom Schicksal des Altbauern einmal bei dieser Arbeit: Der alte „Strohsack" rutschte beim Abladen von der Heufuhre ins Gebläse, weg war er…

Auf der Suche nach dem Strohsack-Vater fand man ihn im Heustadl auf einem Tram *(Dachbalken)* sitzend, immer noch seine Pfeife rauchend, jammernd, dass es verdammt „gezogen"

habe. Beim Rohrbogen *(Flexiv)* habe er zwar die eingesetzten Zähne verloren, aber gerade noch den Hut festhalten können, hoffentlich bekomme er nicht vom Wind die „Strauka" *(Schnupfen)*!

Löwingerbühne

Anfang der Sechzigerjahre hatten wir in der Gaststube, oberhalb der Küchentüre, einen Schwarz-Weiß-Fernseher, eine Unterhaltung, die im weiten Umkreis nicht geboten wurde.

So trafen sich die Männer, um die „Nachrichten" anzuschauen. Bei der Übertragung von Boxkämpfen von Cassius Clay, später gegen George Foreman und Joe Frazier, musste meine Mutter oft bis in die Morgenstunden aufbleiben, wenn sich die ihr völlig Unbekannten zum Gaudium der Gäste die „Schädl einhauten".

Während der Mittwoch, 17 Uhr, für uns Kinder ein Fernsehpflichttermin war („Der Kasperl"), wurden wir so manches Mal weinend aus der Gaststube vertrieben, weil die Erwachsenen sich gestört fühlten. „Der Gast ist König!", das war immer der Leitsatz meiner Mutter bis zum Zusperren des Wirtshauses.

Demnach war am Samstagabend bei der „Löwinger Bühne" die Stube gerammelt voll und der Sepp und der Paul Löwinger waren die „Kasperl".

Es gehörte zum guten Ton, dazu auch die Ehefrau mitzunehmen, es zeugte von einer intakten Beziehung (oder spiegelte diese manchmal vor), wenn er ihr „etwas vergönnte", was meistens ohnehin nur aus einer Flasche Schwarzbier (wenn sie schwanger war, dann Nährbier), dem Fernsehschauen und danach noch einem Tratsch mit der Nachbarin bestand, während der Hausherr fünf oder sechs Halbe Bier zu sich nahm und eine halbe Schachtel Zigaretten rauchte, sodass im Gastzimmer eine Luft herrschte, die das ohnehin schlechte Schwarz-Weiß-Bild nahezu unkenntlich machte.

Ein weiterer Anlass, sein angetrautes Eheweib ins Stammwirtshaus auszuführen, war ein Sauschädlschmaus, bei dem man die bekannten Kochkünste der Wirtin so richtig zu schätzen

wusste, unter anderem, weil das Essen gratis war. Der gestohlene Schweinskopf wurde halbiert und dann stundenlang gekocht, bis er „al dente" war, währenddessen wurden die Erdäpfel, das Kraut und das Gemüse gesotten und mit einer Unmenge frisch geriebenem Kren auf tischfüllende Tabletts als Krenfleisch in die Stube getragen. Man kann sich vorstellen, wie in der kleinen Gaststube, besetzt mit mehr als fünfzig Personen, davon mehr als die Hälfte „Austria 3" oder „C" *(filterlose Zigaretten)* pofelnd der frische Kren seine Wirkung tat…

Wir hatten am Tischchen neben der Gastzimmertür immer ein Stück frisches Hausbrot liegen, durch das man die Luft einzog, damit man mit den vom Kren brennenden Augen beim Servieren gerade noch den richtigen Tisch fand.

Auf den Verzehr folgten die künstlerischen Ergüsse des eingeladenen Ziehharmonikaspielers und das „G'sangl" der Gäste dazu. Jeder fühlte sich als Opernsänger, auch wenn es noch so falsch klang. Dazwischen wurde wieder ein „Prost mit harmonischem Klange!" für die Spender eines Dopplers oder einer Flasche des Glycol-Weines intoniert.

Der Spielmann war viel beachtet und ob seines Könnens angesehen, entsprechend wurde er auch freigehalten, bis in den frühen Morgenstunden die letzten Gäste aufgaben.

Vom Kagerer Koarl, einem Harmonikaspieler, erzählt man sich, dass er kurz vor Sperrstunde mitten im Takt eingeschlafen sei, und ihm ein besonders „Lustiger" einen angezündeten Schweizer-Kracher *(Pyrotechnikum)* auf den Balg der Harmonika gelegt habe und Koarl nach der Explosion trotzdem im selben Takt weitergespielt habe.

Lehrer

Die Lehrer der kleinen – heute geschlossenen – Volksschule Fürling, die auch ich besuchte, waren oft befruchtend für das Wirtshausleben. Da die Volksschule auch eine Lehrerwohnung hatte, waren sie meist dort einquartiert, fernab von ihren Freunden und Bekannten, der Einsamkeit preisgegeben, wo die Lehrer doch viel Freizeit hatten… So suchten sie Anschluss an die Dorfgemeinschaft, was manchem schwerfiel, war er doch die rauen Sitten der Wirtshausbrüder nicht gewöhnt: Beim Kartenspiel, „17+4", „Hacken" und anderen Hasard-Spielen und beim Kegelscheiben waren sie ihnen meist unterlegen und Opfer von „geheimen Absprachen", da blieb so manches Lehrergehalt auf der Strecke.

Der später berühmt gewordene Sohn eines Fürlinger Lehrers hat in einer Kolumne der „Oberösterreichischen Nachrichten" einmal geschrieben, dass seine Kindheit in der Lehrerwohnung in Fürling die schlimmsten Jahre seines Lebens gewesen seien. Kein Wunder, war der Vater doch ein bekennender Nazi, den die Gäste derart fürchteten, dass beim Betreten der Gaststube alle verstummten, um nicht wegen leichtfertiger Äußerungen angezeigt zu werden.

Manche Lehrer der späteren Jahre waren durchaus in der Bevölkerung integriert: bei der Feuerwehr aktiv oder Bundesheeroffiziere mit Untergebenen aus der Gemeinde (siehe „Kaufvertrag"). Bei anderen galt der Spruch: „Speck und Eier bringen Einser und Zweier".

Wenn sich ein solcher Pädagoge, ein später bekannter Tischtennisspieler, fernab seiner Heimat im Salzkammergut auf den Weg zu einer besseren Lehrerstelle auf eine Wette mit Bauern eingelassen hat, war er der „Geschnapste". Einmal haben der Wegerer Toni und der Walchslehner Sepp mit ihm gewettet,

wieviel Festmeter die Föhre in der Wegerer-Reith (Kurve am „Kammerer-Kreuzweg" auf der Maria Bründl-Bezirksstraße) habe, was der Lehrer mit einem Fass Bier büßte.

Dass es in der Gutauer Hauptschule einen Lehrer mit dem kurzen Familiennamen einer Fußbekleidung gegeben hat, ist gewiss, auch dass bei der Abschieds- und Schlussfeier der Volksschule Fürling im Jahr 2017 ein dortiger ehemaliger Schüler ein Entschuldigungsschreiben einer Schulabgängerin zitierte. Ob der Wortlaut wirklich stimmt, ist nicht bestätigt: *„Ich habe gestern nicht in die Schule gehen können, weil mich der Schuh so gewetzt hat!"*

Kaufvertrag

Nachdem der Lois verstorben war, keine Kinder da waren und auch keine nahen Verwandten dafür in Frage kamen, das „Scherz-Häusl" zu übernehmen, lebte die Liesl allein in ihrem Hexenhaus. Die hundert Meter Entfernung zum Dorf konnten schon genügen, um einen Pelzebuben anzulocken und ihr Leid anzutun. Objektiv gesehen war die Gefahr einer Vergewaltigung überschaubar, um ihr bisschen Hab und Gut fürchtete sie sich dennoch und dass der Herrgott sie einmal mit so einer Missetat bestrafen könnte.

Bei ihrer Schwester in Linz konnte sie nicht mehr Unterschlupf finden, dort war die Gärtnerei verkauft worden und der spätere Bau des Lentia 2000 folgte. Die Tochter ihres Bruders zeigte Interesse am Erwerb des Häusls, was schließlich zu einem Übergabsvertrag mit einem umfassenden Ausgedinge, natürlich auch einem Pflegerecht für die „Scherzin" führte.
Freilich war die Angst der Liesl damit nicht beseitigt. Das Haus war ja ohnehin zu klein als Wochenendhaus für die Übernehmerin und ihre Familie, wo doch die Übergeberin darin hauste und ein Zusammenleben mit ihr schien sowieso schwierig. Schließlich könnte die Liesl möglicherweise ja auch alt werden…

Der Schuldirektor hatte immer einen Hang zum „Exklusiven" und bekundete sein Interesse an der sonnigen Alleinlage als Alterssitz, gleichwohl nicht an der Pflege der „Scherzin", somit war das Knusperhäuschen zu ihren Lebzeiten praktisch unverkäuflich.

Inge, die Frau vom „Strohsack Hans", verstand sich mit der Pflege alter Leute bestens, hatte ja auch die vorher in der Schweiz lebende Schwester der Liesl, die Anna, im Haus. Die Vorstellung, nicht mehr abseits alleine zu leben, sondern gemeinsam mit ihrer Schwester von der Inge betreut und bekocht zu werden, gefiel der Liesl bestens.

Die Frage war aber, wie kommt das Ausgedinge vom Scherzhäusl auf das Schoberhäusl vom Hans und der Inge? Die Lösung wurde – wie meistens – im Wirtshaus gefunden.

Bei nächtlichen Diskussionen zwischen dem Strohsack-Hans und dem Oberlehrer habe ich mir meine ersten juristischen Sporen verdient. Die Verhandlungspositionen waren zunächst verhärtet: Der Lehrer wollte auf jeden Fall die „Scherzin" loswerden, der Hans war bereit sie aufzunehmen, aber um welchen Preis? Dem Vorschlag einer monatlichen Rentenzahlung bis zum Tod der Liesl konnte wiederum der Hans nichts abgewinnen: „Hopp oder dropp! Nur in Bausch und Bogen!" Bis schließlich in den frühen Morgenstunden ein Ergebnis erzielt wurde, das ich als Jungjurist niederschreiben durfte.

Der Hans nahm dem Lehrer die „Scherzin" um eine sehr stattliche Schilling-Einmalzahlung ab, mit der sie beim ursprünglichen Angebot des Lehrers über neunzig Jahre alt werden hätte können.
Etwa zwei Jahre später war sie tot.

Goaß

Ich kann mich noch gut an die Zeit erinnern, als das Vieh auf der Weide von den Kindern gehütet wurde und kein Elektrozaun diese Arbeit verrichtete.

Wenn wir dazu eingeteilt waren, gab es immer andere Dorfkinder, die dabei mithalfen, worunter unsere Konzentration auf die Aufgabe rasch abflaute und man in der zweiten oder gar in der dritten Stunde des Hütens Lustigeres zu tun hatte, als jeder abtrünnigen Kuh gleich nachzulaufen und sie mit dem Stecken wieder zur Herde zu treiben. So fand man nicht selten die ganze Herde im Rübenfeld des Nachbarn wieder, wo sie dort einigen Schaden anrichtete. Die Angst vor dem Heimtreiben und die jedenfalls folgenden Schelten des Vaters waren beträchtlich.

So waren wir auch nicht traurig, dass er bald ein batteriebetriebenes elektrisches Weidegerät anschaffte, da war das Pflöckesetzen das geringste Übel.

Was für ein Fortschritt! Waren auf anderen Weiden doch oft noch Tiere zu sehen, die ein Brett vor die Augen gebunden oder einen Prügel zwischen den Vorderhaxn hatten, damit sie nicht schnell davonlaufen konnten.

Die Bauersleute hatten das Viehhüten oft auch dem Altbauern angeschafft, wenn sie selbst auf dem Feld zu tun hatten, dazu musste der Opa gar auch noch auf die kleinen Kinder aufpassen, was ihm einmal zu „stark" *(anstrengend)* wurde und er die „Gfraster" einfach mit „Loazeilen" *(Fahrzügeln)* an sich band, damit sie nicht davonlaufen konnten. Die drei zwei- bis fünfjährigen Kinder hatten bald den „Dreh" heraußen, zogen in eine Richtung und schleiften den Siebzigjährigen über den nassen Wiesenboden.

Der Schaller-Bauer hatte weitgehend arrondierte Wiesenflächen und musste nicht mehr aufpassen, dass die Batterie des

„Hüters" aufgeladen war, weil der Weidezaun von einem Netzgerät gespeist wurde, was wesentlich intensivere Stromschläge zeitigte, die von Mensch und Tier gefürchtet wurden.

Die Puchingerin hatte auf ihrem Wiesenflecken drei Ziegen angepflockt. Wie es damals üblich war, an Eisenketten, die in einem eingeschlagenen Eisendorn mündeten. Eines Abends hetzte sie die fünfhundert Meter von ihrem Goaßhäusl den Erdmannsdorfer Berg herauf zum Wirtshaus, um die Hilfe ihres Mannes, den sie dort mit Sicherheit wusste, schreiend einzufordern: „Die Goaß, Voda kimm schnö!" *(Voda = Vater, so wurde oft der eigene Ehemann gerufen)*

Den Hans hat das weniger gerührt, worauf sie dieses Unterfangen gleich wieder wegen Aussichtslosigkeit und Sorge um ihre Tiere aufgab und ich mit ihr den Berg hinunter rannte, wo sich das traurige Schauspiel so darstellte, dass die drei Geißen im Takt der synchronen Stromschläge des Netzanschlusshüters in die Höhe hüpften, weil sich die Ketten im elektrischen Weidezaun des Nachbarn verfangen hatten. Darauf, den Schaller-Bauer in der unmittelbaren Nähe zu bitten, den Storm auszuschalten, war sie nicht gekommen.

Schulden

Wenn auch die Sparsamkeit ein heiliges Gebot war, so sammelten sich doch bei dem einen oder anderen Verbindlichkeiten an, die man aus dem kärglichen Einkommen nicht mehr berappen konnte, galt es doch der Familie das Notwendigste zukommen zu lassen und doch nicht ganz auf die Vergnügungen des Wirtshausgehens verzichten zu müssen.

So hat man eben „anschreiben" lassen müssen, im wahrsten Sinne des Wortes.

Wenn es dann zu viel wurde, ist so manchem Wirt in unserem Markt ein Waldflecken überschrieben worden, was auch zur heutigen Zerstückelung des Waldbesitzes beigetragen hat. Eine Grundverkehrskommission, die das verhindert hätte, gab es noch nicht.

Als die Gemischtwarenhandlung meiner Eltern endgültig zugesperrt wurde, zeigte mir meine Mutter ein Schuldenbuch mit großteils verjährten Forderungen, die heute so manchem die Schamesröte ins Gesicht treiben würde.

Der Mittmannsgruber-Schneider hatte wiederum seine liebe Not mit dem Finanzamt. Eine Buchhaltung für seine geschäftlichen Aktivitäten war ihm nicht geläufig, sodass er bei Steuerprüfungen als „schwarzes Schaf" regelmäßig hoch eingeschätzt wurde, was seinem Ertrag gar nicht gerecht wurde.

„Gib dem Kaisers, was des Kaisers ist!", sagt sich so leicht, wenn der Finanzer *(Steuereintreiber)* doch auch keinen Waldflecken in Zahlung nahm, den man aber ohnedies nicht hatte. So war der Steuervollstrecker Stammgast im Hause, fand dort aber meist weder Pfändbares noch den Steuerschuldner vor, damit dieser wenigstens das negative Pfändungsprotokoll unterschreiben konnte. Der Mittmannsgruber hatte eben ein Gespür dafür, wann der Exekutor wieder zu erwarten war und „verdünnte" sich

rechtzeitig, bis die Gefahr vorüber war. Bald wusste aber auch das Staatsorgan, wo man den Schneider am ehesten antreffen konnte, um eine Taschenpfändung zu versuchen: „Wo? Natürlich im Wirtshaus in Fürling oder in Erdmannsdorf!"

Der Schneider schnapste *(Kartenspiel)* gerade ein Paar Bummerl *(Spielrunden)*, als die Tür aufging und der Vollstrecker ihn aufforderte, mit ihm zu kommen. Ohne sich direkt zu weigern, bat ihn der Steuerschuldner um einen kurzen Aufschub, damit das Spiel fertig gespielt werden konnte.

Bevor es zum Aufbruch kam, hatte er den Beamten überredet, doch auch ein „Bummerl" um den letzten Fünfziger *(Schilling)*, den der Mittmannsgruber noch hatte, gegen ihn zu spielen. Nach zwei Stunden Schnapsen war der Mittmannsgruber-Schneider seine Steuerschulden los und der Exekutor musste in die eigene Tasche greifen.

Weibersterben

„Das Weibersterben ist dem Bauern kein Verderben, das Rossverrecken könnte ihn schon eher schrecken!"

Die Zeit der totalen Männerherrschaft auf den Höfen und in den Goaßhäusln *(Arbeiterhäusern)* war zu meiner Zeit doch schon vorbei. Gleichwohl, von Emanzipation war noch keine Rede. Es war in fast jedem Haushalt klar, wer „die Hosen anhatte".

Bei den Bauern war dies meist darauf zurückzuführen, dass die ersten männlichen Nachfolger den Hof übergeben bekamen und die Frauen „eingeheiratet" haben. Oft standen diese daher unter der Fuchtel *(dem Diktat)* der Schwiegermutter, welche die Standards für Haushalt, Männerbedienung, Sparsamkeit und Erziehung der Enkelkinder vorgab. Da hatte die Schwiegertochter nicht viel mitzureden. Das machte ihnen das Leben am Hof zur Qual, an eine Scheidung war natürlich überhaupt nicht zu denken, da wären Haus und Hof draufgegangen, wiewohl sich die Bauern meistens in Ehepakten bereits entsprechend abgesichert hatten, es war wohl mehr die „Schande", die jeden Gedanken an eine Trennung verhinderte.

An erster, zweiter und dritter Stelle standen Arbeit, Arbeit und nochmals Arbeit, dann die Fruchtbarkeit, die Sparsamkeit, die Höhe der Mitgift, die Gläubigkeit und die Unterwürfigkeit der Jungbäuerin. Nicht gefragt waren Intelligenz, Aussehen, Liebe zum Mann und zu den Kindern (ein Spruch von damals: „Liebe vergeht, Grundbuch besteht"), Innovation und „anderer Unsinn".

Ich habe Gott sei Dank eine Kindheit miterlebt, die mit viel Mutterliebe und Respekt zwischen meinen Eltern gesegnet war. Das war zum einen dem Umstand, dass meine Mutter keine Schwiegermutter im Haus hatte, aber noch viel mehr ihrer Diplomatie zuzuschreiben. Wiewohl der Vater auch alles für seine Familie „getan hat". Widerspruch zu dulden war nicht gerade seine Stärke. Meine Mutter verpackte notwendigen Widerspruch

meist so, dass sie nur vermeintlich ihm die Entscheidung überließ und ihr Ansinnen umgekehrt darbrachte, womit aus dem Nein das gewünschte Ja wurde und der Vater meist einsah, dass es so besser war…

Die Leute wurden ja nicht so alt wie heute, die Komplikationen im Wochenbett waren auch in den Sechzigern und Siebzigern immer noch viel häufiger, dies, weil der Kindersegen zahlreicher und die Medizin noch nicht so weit fortgeschritten war. Die Wöchnerinnen haben sich oft bis zum letzten Tag der Schwangerschaft geschunden und nach der Niederkunft nicht geschont.

Mir ist noch in Erinnerung, als ein entfernter Nachbar früh morgens zu meiner Mutter in den Stall kam und sie ersuchte, die Kammererin *(Familienname der Hebamme)* anzurufen, weil es „bei der Seinen jetzt so weit ist". Meine Mutter stellte hektisch den Milchkübel zur Seite und wollte zum Telefon eilen, was der werdende Vater mit den Worten kommentierte: „Lass dir Zeit, sie ist auch noch bei der Stallarbeit!" Am Vormittag wurde das Kind zur Welt gebracht, am Abend ist sie wieder in den Stall gegangen – wer hätte denn sonst die Melkarbeit getan?

Der eingangs zitierte provokante Spruch hatte darin seinen Grund, weil man im Falle des Todes seiner Ehegattin ja wieder eine Frau am Hof brauchte, sich oft dann eine Jüngere nahm und diese wieder eine Mitgift mitbrachte, während der Tod eines Pferdes doch ein finanzieller Schaden war.

Apropos „jüngere Ehefrau":
Da fällt mir die Geschichte des alten Bauern am Sterbebett ein, dem seine junge Ehefrau in der letzten Stunde die Hand hielt. Der Sterbende befahl aber noch, welches und wo sie Getreide anbauen sollte, und … und … „Wenn i jetzt stirb, nimm den Nachbarn Franzl, der is fleißig, sauft nicht und die zwei Häuser passen auch gut zusammen".
„Na, den Franzl mog i net!" „Den Franz nimmst, aus pasta!"
„Dass i den Franzl nimm, des wirst du net erleben, jetzt stirb amoi, dann red ma weida".

Spanzin

Endlich „Unruhe" kam ins Dorf, wenn sich neue Leute ansiedelten, was selten genug der Fall war. Wenn, dann waren dies oft Personen mit einer „schillernden" Vergangenheit, die sich meist eine Wohnungsmiete in der Stadt nicht (mehr) leisten konnten. So mancher hatte auch eine „strafrechtliche Vergangenheit", die erst sukzessive zu Tage kam.

Dort und da gab es leerstehende Auszugshäusl, meist in schlechtem baulichen Zustand, gerade einmal mit Fließwasser und Strom, die es um einen Bagatellbetrag (für städtische Verhältnisse) zu mieten gab, damit sie bewohnt und beheizt waren, um nicht zu verfallen. Freilich tat man sich eine solche Nachbarschaft in Hofnähe nicht an, dort störte das „Gesindl". Wenn das Häusl weit genug weg war, musste man sich nur um das monatliche Mietzinsinkasso kümmern, selbstverständlich in bar… Umgekehrt war es ja auch den Mietern meist recht, nicht beobachtet zu werden.

…

Ein befreundeter Gendarm *(Polizist)* weiß heute noch etliche Geschichten über Einsätze in solchen abgelegenen „Keuschen" *(ärmliche Kleinhäusl)* zu erzählen. So wurde wieder einmal von St. Leonhard aus telefonisch beim Posten *(Polizeiinspektion)* in Gutau von einer Frau Alarm geschlagen, sofort zu kommen, „mein Alter bringt mich um". Der VW-Käfer als Einsatzwagen rückte aus, mit zwei Beamten besetzt, die schon oft von derselben Person einschlägig alarmiert wurden und das Paar wieder einträchtig vorfanden, sodass man sich viel „Schreiberei" ersparte…

Just auf einer „Schupfen" *(Straßenkuppe)* der miserablen Zufahrt zum Tatort saß der „Käfer" auf einem Granitblock auf, es gab kein Vor und kein Zurück mehr. Der Einsatzkommandant erteilte Order, einen „Holzriedel" *(starker Ast)* im angrenzenden Wald zu suchen, damit man mit Manneskraft das Auto über das Hindernis hieven konnte. Als der Inspektor einen tauglichen Ast aus dem Unterholz riss, kam ein ganzes Beet von Eierschwammerln zu Tage. Die konnte man natürlich nicht „hinten" lassen, sodass die Dienstkappen prall gefüllt wurden und man mit einiger Verspätung am Tatort ankam. Dort fand man die Streithähne im ehelichen Gemach bei intensiver Versöhnung vor und wurde mit „Schleichts eich!" weggeschickt.

…

Im Schmutzhart-Häusl war „Die Spanzin" einquartiert, eine Zigeunerin, die durch ihr erotisches „Outfit" Aufsehen erregte, freilich in der Gemischtwarenhandlung meiner Mutter „viel anschreiben hat lassen"…

Als wir eines Morgens, cirka um vier Uhr früh, ein Nachbardirndl vom Burgfest in Dornach heimbrachten, bemerkte der Rudi das Moped eines namhaften Bauern hinter der Hollerstaude des Schmutzhart-Häusls versteckt. Der Schalk schlich sich zum Fahrzeug, zog den Zündschuh ab, steckte das Alupapier seiner Zigarettenschachtel hinein und wir flüchteten zurück zum Dorf, um dem nächtlichen Besucher „abzupassen", wussten wir doch alle, dass der Bauer spätesten zur morgendlichen Stallarbeit auf seinem Hof sein musste, um sich nicht dem Verdacht seines Eheweibes auszusetzen. Prompt schob der Lüstling schwitzend sein Moped um fünf Uhr morgens den Berg zum Dorf herauf in Richtung seiner Hofstelle, frei nach dem Satz: „Nur wer die Geilheit kennt, weiß wie ich leide!"

Dreschen

„Nomen est omen!"
Das Getreide wurde solange gedroschen, bis sich die „Spreu vom Weizen" trennte. An Zeiten des Arbeitens mit der „Drischl" *(spezieller Schlagstock, Dreschflegel)* kann ich mich freilich auch nicht mehr erinnern, wohl aber an den „Roland 2Z", einen Dreschwagen, der dem Silberbauern, dem Bauern Schuster, dem Gerigslehner und uns gemeinsam gehörte. Wie überhaupt Maschinengemeinschaften sinnvolle Vorgänger der heutigen Maschinenringe waren. Teure landwirtschaftliche Geräte wie Miststreuer, Güllefass, Reisighackmaschine und eben der Dreschwagen wurden von mehreren Bauern gemeinsam angekauft, betrieben und gewartet und damit ihre Effizienz gesteigert.

Das Getreide wurde meist mit der Sense gemäht, zu Kornmandln *(zusammengestellte Getreidegarben)* aufgesetzt und etliche Tage zum Trocknen auf dem Feld belassen, wie es die Witterung eben zuließ. Die Einfuhr mit dem Leiterwagen der Pferdegespanne, später mit dem Traktoranhänger, setzte natürlich Sonnenschein voraus, damit die Garben nicht „am Stock verschimmelten". Schon beim Schnitt und auch bei der Einfuhr waren viele Leute beschäftigt, großteils „Roboterinnen". Die Aushilfe zwischen den Bauern war kaum möglich, weil die Erntearbeit zur tauglichen Zeit auf den Höfen getan werden musste und das schöne Wetter ausgenützt wurde. Zur Robot *(Aushilfe)* kamen die Häuslweiber der Nachbarschaft, die sich damit neben einem kärglichen Lohn oft auch die Jahrespacht für einen Kartoffelacker und das Recht verdienten, nach dem Abernten eines Getreidefeldes die liegen gebliebenen Ähren mit Körben einzusammeln, um das Getreide zum Brotbacken oder als Futtergetreide für ein, zwei Schweine, die Ziegen oder für die Hühner zu gebrauchen.

Von der Tenne *(Scheunenboden)*, die als Lehmboden ausgeführt war, damit sich die Pferde mit ihren Hufeisen „setzen" *(einhaken)* konnten, wurden die Garben in den Heubahn *(eine abgetrennte Abteilung des Stadls neben der Tenne)* eng eingeschlichtet, womit ein „Getreidestock" entstand, der bis in den Spätherbst, oft auch Winter, auf das Dreschen wartete.

Das „technische Wunderwerk", der Dreschwagen, wurde am Lehmboden der Tenne aufgestellt, fest mit Radschuhen fixiert und von einem Dieselmotor betrieben. Aus Angst davor „abzubrennen" wurde der Motor möglichst weit außerhalb des Stadls aufgestellt. Ein langer Riemen aus Leder führte von der Riemenscheibe des Motors zu jener des Dreschwagens, sobald letzterer durch schlampiges „Einfüttern" überlastet war, fiel der Riemen – mehrmals am Tag – aus und musste mühevoll wieder eingelegt werden. Riemenpech sorgte dafür, dass er richtig an der Antriebsscheibe „pickte".

Die Druschgesellschaft bestand oft aus zwanzig Leuten und mehr. Alle hatten ihre bestimmten Aufgaben, mit der es von Hof zu Hof ging. Die anstrengendste Arbeit war wohl die der „Abtrager", die die schweren Jutesäcke, voll mit Getreide, beim Weizen wohl wesentlich mehr als fünfzig Kilo, vom Dreschwagen über steile Stiegen in den Troadkasten *(Getreidelagerraum)* schleppen mussten, tagelang… Dabei musste oft der Innenhof des Vierkanters überquert werden. Belohnt wurde die Gesellschaft mit Speis und Trank und wenn man bei größeren Bauern mit dem Dreschen fertig war, auch hin und wieder mit einem „Dreschertanz". Natürlich gehörte es zur Bauernehre, sich „nicht lumpen zu lassen", gerade die Bäuerin musste ihre Kochkünste unter Beweis stellen. So ging man eben zu manchem Drusch eher nur wegen der guten Nachbarschaft, da man wusste, dass es in der Küche „haperte" *(mangelte)*.

Einer der Abtrager hat einmal bei seinem Sackelschleppen mitbekommen, wie die Bäuerin gerade mit der blechenen „Rein", *(Pfanne)*, aus dem Saustall kam, mit einem Finger darin einmal rundherum fuhr, um die meisten Reste daraus zu entfernen und um dann das Schweinschmalz zum Krapfenbacken hineinzugeben. Das machte unter den Dreschern schnell die Runde.

Als nach dem Bratl *(Schweinebraten)* der Nachtisch serviert wurde, hatte auf einmal keiner mehr einen Appetit auf die Germspeise. Der Anstand geziemte es aber, die Bäuerin nicht zu beleidigen, sodass etliche dieser Köstlichkeiten unter dem Tisch beim Hofhund landeten, dem sie vortrefflich mundeten. Freilich fand er durch die Menge der frischen Germspeise darauf ein jähes Ende.

Das folgende Jahr war es noch mühseliger, genügend Leute zum Dreschen zu bekommen…

Briefträger

Die folgende Geschichte könnte aus dem Buch „Zu Lasten der Briefträger" von Alois Brandstetter stammen:

Vom Briefträger Lois und seinem missglückten Autokauf habe ich bereits erzählt. Der besondere Ruf der Postbediensteten ist es wert, näher darauf einzugehen. Diese Herren waren in den Landrevieren durchaus angesehen, weil sie immer Neuigkeiten wussten, das Geld brachten und daher nach jeder Amtshandlung an den Küchentisch zu einer Jause eingeladen wurden, immer aber auch auf einen Trunk, womit an so einem Tag ja „einiges zusammenkam".

Im Dienstauto, meistens einem VW-Käfer, hatten sie auch keine Alkoholkontrollen zu befürchten, überhaupt war der Umgang mit Alkohol am Steuer noch in den Sechzigern und Siebzigern viel „liberaler". Mangels eines eigenen Kraftfahrzeuges ihrer Kunden verrichteten sie auch Botendienste „ohne Briefmarken", nahmen für ihre Kundschaft vom Lagerhaus einen Sack Samenkartoffel mit oder brachten den kaputten Rechen zum Rechenmacher. Die Besuche der Briefträger fanden meist vormittags statt, so sie sich nicht in den Wirtshäusern verzettelten, wo man ja auch die Bauern traf, um ihnen „die Post mitzugeben". Weil am Vormittag natürlich die Feld- und Wiesenarbeit zu verrichten war, war das Amtsorgan oft mit den Frauen alleine, was ihnen einen ähnlichen Ruf einbrachte wie den Rauchfangkehrern...

Kaum jemand hatte ein Bankkonto, sodass die Briefträger erhebliche Barschaften dabei hatten, jede Überweisung wurde über sie abgewickelt, sei dies der „Scheck" *(gemeint war ein Zahlschein)* der Krankenkasse oder für die Fernsehgebühren, für den Unterhalt an die ledigen *(außerehelichen)* Kinder, das Abonnement der „Mühlviertler Nachrichten" und, und, und...

Am „Ersten" wurde die Pension ausbezahlt, was einer Unterschrift des Empfängers bedurfte und Trinkgeld sowie besagte Halbe Most oder ein „Buderl" *(1/16 Liter Kornschnaps)* einbrachte.

Der Wagner war schon einige Zeit „roglich" *(in gesundheitlich schlechtem Zustand)* und bettlägerig, was natürlich auch der Lois aufgrund seiner täglichen Besuche am Hof wusste. Dass der Wagner gerade am frühen Morgen vor der Pensionszahlung sterben musste, war ein zweifaches Unglück, dem seine Schwiegertochter wie folgt begegnete:

Als sie am Vormittag die baldige Ankunft des Briefträgers erwartete, schob sie dem Verstorbenen einen Kopfpolster unter den Rücken, richtete ihn so auf, dass er durch das Fenster von der Gred (Zugang zur Haustüre) aus zu sehen war und begrüßte den Lois mit den Worten: „Mei, dem Opa geht's heute gar net gut!"

Der Lois beugte die Formalitäten: „Ich habe ihn schon durch das Fenster gesehen, er schläft, ist kasweiß *(weiß wie Käse)*, unterschreibst halt du!", und zahlte die Bauernrente aus, trank seinen Most, bekam zwanzig Schilling Trinkgeld und ging seiner Wege.

Dann wurde der Doktor verständigt, um die Totenbeschau vorzunehmen.

Allerheiligen

Der erste November ist ja nach wie vor ein angesehener Feiertag, an dem man wieder einmal in die Kirche kommt und bei der folgenden Grabsegnung Leute sieht, die man nur aufgrund der Grabinschriften zuordnen kann. Die eine oder andere Bauerntochter versucht mit ihrem „Outfit" zu zeigen, dass sie es „zu etwas gebracht hat". Waren früher die Pelze der Wintermäntel so ein Statussymbol, so sind sie jetzt auch auf dem Land verpönt, ja die milden Winter lassen es Anfang November gar nicht mehr zu, damit zu repräsentieren. Die das Grab ihrer Eltern heimsuchenden Stadtkinder müssen sich da schon etwas anderes einfallen lassen, etwas wie aufsehenerregende Haarmoden, graumelierte Männer, „gachblonde" *(hellgefärbte)* Freundinnen oder „Luxusautos".

Feste Bestandteile der Allerheiligenfeier sind der Kameradschaftsbund und der Kriegsopferverband. Das „Schwarze Kreuz" bittet beim Friedhofeingang um eine Spende für die Erhaltung der Kriegsgräber – da sollte man sich nicht „lumpen" lassen *(nicht knausrig sein)*.

In meinem Geschichtszeitraum waren ja noch echte Weltkriegsteilnehmer pflichtgemäß Mitglieder des Kameradschaftsbundes, heute sind sie ausgestorben. Nicht einmal die Absolvierung des Wehrdienstes ist noch Voraussetzung für den Beitritt, was in den Marschformationen klar erkennbar wird. Oft gerät einer in Verdacht, nur deswegen dem Kameradschaftsbund beigetreten zu sein, weil der fesche Steireranzug im Gruppeneinkauf dort billiger zu haben ist. Dann wird er, mit „Steirer" und Hut „bewaffnet", nur zu Allerheiligen beim Aufmarsch der Kameraden zu sehen sein. Das Kommando, der Marschschritt und das „Warum" dieses Aufmarsches sind ihm fremd. „Einfach dem Fahnenträger folgen!", ist die Devise.
Nach kurzem Rundgang durch die Gräberreihen ist für die heutigen Pfarrer der Gräbersegen nach einer halben Stunde beendet.

Als Kinder standen wir uns gelangweilt stundenlang die Füße in den Bauch, bis die Trachtenmusikkapelle endlich „Ich hatte einen Kameraden" spielte und die Kameraden in Richtung Kriegerdenkmal abmarschierten. Konzentriert, um den Vordermann nicht auf die Fersen zu treten.

Der Lois hatte drei Brüder, die ihm Krieg gefallen waren. Er, auch Kriegsteilnehmer und Infanterist, hatte bis zu seinem frühen Tod Anfang der Siebzigerjahre fast kein anderes Gesprächsthema im Wirtshaus als den Krieg. Wenn gestritten wurde, war der Grund dafür irgendeine Prahlerei aus den Kriegsjahren. Den Jahrestag, als der „Kessel von Danopol" *(Stadt in Albanien)* aufgebrochen wurde, hat er oft zehn bis zwanzig Mal jährlich mit etlichen Buderln *(1/16 Liter Kornschnaps)* gefeiert.

So ein fanatischer Kirchengeher war er auch nicht, der Lois. Den Aufmarsch des Kameradschaftsbundes sah er sich durch die Fenster des Fragner-Wirtshauses an, danach zahlte er der Musik ein Fass Bier, wenn sie den „Kameraden" für ihn beim Kriegerdenkmal noch einmal spielen, um schließlich anzukündigen, für seine Brüder am Strohsackberg, eine Erhebung in der Nähe von Erdmannsdorf, beim dortigen Felsen eine Andacht halten zu wollen.

Sein Freund Franz, einer unsere Stammgäste, war schnell mit seinem VW-Käfer vorausgefahren. Der Vater und er zogen weiße Mäntel an und überholten den Lois, der in der Abenddämmerung und in seinem bedenklichen Zustand über die gefrorenen Ackerschollen in Richtung des Felsens stolperte. Der Lois zündete schnaufend eine Kerze an und begann eine Ansprache an seine verstorbenen Brüder, als es einen Kracher machte (die beiden Scharlatane hatten Schweizerkracher mitgenommen) und rechts und links vom Felsen je eine weiße Gestalt in die beginnende Finsternis trat.

Oft hat der Lois erzählt, dass ihm am Allerheiligentag zwei seiner gefallenen Brüder – er wusste nicht genau, welche der drei verstorbenen Krieger es waren – erschienen sind.

Aas

Das „Wasnerhandwerk" *(Schinder, Abdecker, Tierkadaververwerter)* findet in der Weltliteratur Erwähnung, wenn von Sebastian Bickler, „Henker und Wasenmeister", in Carl Zuckmayers „Schinderhannes" geschrieben wurde.

Sowohl in den Kleinlandwirtschaften der Umgebung als auch bei den Häuslbauern waren immer wieder Verendungen von Haustieren, Ziegen und Schafen, Schweinen oder auch von Großvieh zu beklagen, was den Haltern oft ein großer Schaden war. Eine Kuh oder ein Pferd zu verlieren war wirtschaftlich nicht so ohne, der Ausfall eines Nutztieres musste meist rasch ersetzt werden und ging ins Geld…

Eine besondere Solidargemeinschaft waren die „Pferdehilfsvereine". Die Statuten dieser Zusammenschlüsse von Pferdebesitzern sahen vor, dass die Gemeinschaft jenem Mitglied, dem ein Pferd verendet ist, einen finanziellen Beitrag zum Schadensausgleich zu leisten hatte, damit er für den Ankauf eines neuen Ackergauls wieder „flüssig" war.

Gleiches gab es auch für den Brandfall in Form der sogenannten „Schaubvereine". Dort wurde dem „Abbrandler" eine je nach Größe des Anwesens des Mitgliedes gestaffelte Menge von Bauholz und eine festgelegte Anzahl von Robottagen erbracht. „Schaub" war eine gebündelte Einheit von Dachstroh, zu Zeiten der Strohdächer auch natürlich im Brandfall gefragt. Der letzte Schaubverein wurde erst im Frühjahr 2017 liquidiert, nachdem das jüngste Brandereignis, das „Walchslehner", schon in den Achtzigerjahren gewesen war.

Die kleinen Tierkadaver wie Hühner, Ferkel, Hunde und dergleichen wurden selbst entsorgt, irgendwo am Waldesrand eingegraben oder dem Jäger als Fuchsköder gegeben. Ab der Größe einer Sau war dann der „Schinder" oder „Abdecker" zuständig. Der letzte Schinder der Gegend war der Beneschovsky Polt mit seiner Aashütte, direkt an der Flanitz, dem Grenzbach zwischen Gutau und Lasberg bzw. Kefermarkt. Schon alleine die Lage unmittelbar neben dem Bach würde heutigen Umweltschützern die Haare aufstellen. Die Tierkörperverwertungsanlage bestand aus nichts anderem als einer von Hand ausgehobenen tiefen Grube, bis oft an das Grundwasser heranreichend, in einem Ausmaß von bis zum Grundriss eines Arbeiterhäusls und der dazugehörigen Hütte, in der der Schinder so seinen Tag mit dem Zerlegen der stinkenden Tierleichen verbrachte und sie dann in die offene Aasgrube warf, bis die Lage voll war. Dann wurde etwas Kalk darüber gestreut, eine Schicht Erde und die nächste Lage begonnen... Man kann sich vorstellen, wie es da unten bei der Flanitz – gerade in den Sommermonaten – gestunken hat. Für uns Kinder war es eine Mutprobe, durch das Silberbauern-Holz möglichst nahe an die Aashütte heranzuschleichen ohne vom Beneschovsky erwischt zu werden.

Er selbst roch natürlich seinen täglichen Arbeitsplatz nicht mehr. Sein Häusl hatte er in Paben, doch einiges von der Aashütte entfernt. Wie damals üblich, gab es auch ein „Schübel" *(eine Menge)* Kinder, die dort ein kärgliches Leben führten, war doch die Schinderei sicher keine einträgliche Profession. Dafür fiel beim Zerlegen der Viecher so manches „Gustostück" ab, um den Hunger der Familie zu stillen, sei dies als „Frischfleisch" oder als Geselchtes, wenn es der Hausfrau schon gar zu bedenklich schien. Es ist aber nichts davon bekannt, dass die Mentscha *(Mädchen)* der Beneschovskys krank davon geworden wären, alle haben sie später ihren Mann gefunden...

Der Polt war kein besonders gern gesehener Wirtshausgast, weil er den Duft seiner Arbeitsstätte immer mit sich trug und meist kein Geld für die Zeche hatte, also gerne anschreiben hat lassen, was ihn aber nicht sonderlich störte. Vor dem Gaststubenfenster, neben dem Immerle-Misthaufen, parkte er sein Pferdegespann am Heimweg von den Unglücksorten. Die Tierkadaver lagen auf dem Mistwagen, frei, ohne irgendwie zugedeckt zu sein. Es dauerte oft einen ganzen Tag, bis der Beneschovsky von seiner Sammeltour zur Aashütte „heimkehrte". Was sich da gerade in den Sommermonaten auf dem Wagen tat, ist leicht zu erraten. Soweit wir den Gestank aushielten, war natürlich das Nahebetrachten der enterischen *(unheimlichen)* Tierleichen gruselig, wenn sie uns mit den großen Augen anstarrten. Der letzte Kilometer von unserem Wirtshaus bis zur Aashütte war für den Polt oft besonders beschwerlich, kam zum miserablen Weg auch noch sein oft miserabler körperlicher Zustand, der sich im Wirtshaus angesammelt hatte, dazu.

Noch viel schlechter war aber sein Pferd beisammen. Das hatte den legendären Ruf, dass es so „zaundürr" war, dass man einen Hut auf die hervorstehenden Knochen aufhängen hätte können…

Meist waren die am Wagen liegenden Tierkadaver besser genährt als das Zugpferd. Ohne das Gefährt des Wasenmeisters gesehen zu haben, wusste man, dass der Beneschovsky Polt unterwegs war, beim Heidelbeer- oder Schwammerlsuchen musste man sich nur an der Nase orientieren…

Wenn Zuckmayer in seinem Schauspiel einen Missetäter beschrieben hat, so soll das hier absolut nicht der Fall sein. Der Schinder Polt war natürlich eine Randfigur der damaligen Zeit, mit dem man schon – des Anlasses wegen – nicht viel zu tun haben wollte, notwendig war sein Handwerk allemal, wenn damals auch der Begriff „Umweltschutz" noch ein Fremdwort war.

Streithansl

Der Bauernstand, nicht nur der karge des Unteren Mühlviertels, war geprägt von der Arbeit aber auch vom Grundbesitz, der meist bis auf den letzten Quadratzentimeter ausgenützt wurde, weil man meinte, anders nicht überleben zu können. Wenn zwischen Nachbarn gestritten wurde, so waren es die Grundgrenzen, Dienstbarkeiten und alles, was mit der land– aber noch mehr mit der forstwirtschaftlichen Nutzung der wenigen Joch *(0,57 Hektar, also 5700 Quadratmeter)* zusammenhing. Nicht, dass die Streitobjekte besonders viel wert waren, oft „ging es ums Prinzip", wenn in Gerichtsverfahren Haus und Hof riskiert wurden. Diese „Rechthaberei", die oft nur einen wertlosen Baum an der Grenze zum Gegenstand hatte, war eine Frage der Bauernehre auf beiden Seiten. „Hopp oder dropp" musste der Herrgott oder vielmehr der Richter dem einen oder dem anderen Sturschädl den Prozesssieg schenken, oft wäre es gescheiter gewesen, sie hätten den Baum gemeinsam versoffen, dann hätte es keinen Sieger – vor allem aber keinen Verlierer – gegeben und Feindschaften über Generationen wären erspart geblieben.

Der Keim für meinen Anwaltsberuf lag in einem Prozesssieg meines Vaters, als die Besitzstörungsklage eines begüterten Nachbarn abgewiesen wurde und Richter Hadweger zum Sieger sagte: „Wirt, jetzt lädst mich aber schon auf eine Jausn und ein Bier ein, weil ich dich gewinnen lassen habe." Freilich, der Nachbar ist nie wieder ins Wirtshaus gekommen und hat mit meinem Vater bis an sein Lebensende kein Sterbenswort mehr gewechselt. Ein bisschen hat die Unverzeihlichkeit schon abgefärbt, wenn ich mir heute noch vorhalten muss, dass ich mit einem anderen Nachbarn jahrzehntelang – auch bis zu seinem Tod – nichts geredet habe, obwohl er in seinen letzten, siechen Jahren Friedenszeichen setzte, nur, weil er mich mit 14 Jahren angezeigt hat, dass ich „schwarz" mit dem Traktor fuhr.

Ganz unten durch waren natürlich jene, die sich am Eigentum des Nachbarn aus reiner Raffgier vorsätzlich vergingen, wie der Großbauern an der Milchsammelstelle, dem der Spruch nachgesagt wurde: „Milchpitscherl (Milchkanne) duck dich, der Bauer, der zuckt dich!"

Vor Gericht zu stehen war auch für den Lois keine Gaudi, war doch der Franzl, der Angeklagte, eigentlich sein Stammtischbruder. Irgendwann war es aber aus mit der Bruderschaft, wenn der Franz zum wiederholten Male sagte: „Du hast eh dein Lebtag keine Kugel pfeifen ghört". Das war zu viel! Aufgesprungen ist er, der Lois, um ihn eine zu „tuschn"! Aber der „Letzgoschade" *(Provokateur)* war schneller, hat mit einem Präventivschlag die Nase vom Lois getroffen und gebrochen. Wegen so etwas geht man normalerweise nicht zum Doktor, der Rausch war aber auch nicht „normalerweise".

Der erfahrene Pregartner Richter Dr. Fließer beschäftigte sich nicht lange mit Notwehr oder anderen rechtlichen Kinkerlitzchen, sondern stellte dem Franz ausnahmsweise noch einmal eine Straffreiheit in Aussicht, wenn ihm sein Freund verzeihe.

Das war dem Lois nur recht, wegen so einem Blödsinn den Franz vor Gericht zu bringen, das hätte er sich nicht gedacht, als er die Sache angezeigt hat, noch dazu könnte der Franz ins Häfn kommen…

Der Handschlag vor dem Richter war getan, das Verfahren eingestellt und die beiden begaben sich am späten Vormittag auf den langen gemeinsamen Fußweg von Pregarten nach Gutau.

Freilich, Versöhnung musste ja nicht heißen, dass man sich wieder mag! Der Franz hat „gesponnen" *(war verärgert)*, weil er wegen dem Lois fast ins Häfn gegangen wäre, der Lois hat gesponnen, weil ihm der Franz eine schiefe Nase gemacht hat.

Im ersten Wirtshaus, dem Gasthaus Koller in der Bahnhofstraße in Pregarten, gleich oberhalb des Gerichtes, sind noch drei Tische Platz gewesen zwischen den Kontrahenten, beim Haslinger in der Gutauer Straße nur mehr zwei und nach den etlichen Kilometern bis zum Wirt in der Neustadt saß man schon wieder gemeinsam am Stammtisch. Geredet hat man freilich noch nichts miteinander!

Beim Wirt auf der Edt, da war es dann schon am späten Nachmittag und nach etlichen Halben, war der verbale Kontakt schon ein bisschen da, über den „Fall" hat man immer noch nichts gesprochen.

Beim Fragner am Marktplatz in Gutau hatten die beiden wieder einige Bier mehr intus und die Freundschaft war wieder intakt. Gegenseitig haben sie sich geweist *(an der Hand geführt)*, sonst hätten sie die letzten vier Kilometer bis nach Hause nicht mehr „dapackt" *(geschafft)* in diesem Zustand.

Anstatt einer Verabschiedung unter Freunden hat der Franz den Lois angeplärrt: „Was, Loisai, wegen dir war ich beim G'richt," hat ausgeholt und seinem Trinkgenossen eine Watschn *(Ohrfeige)* gegeben, dass der Lois über die Gstöttn *(Böschung)* hinuntergekollert ist. Angezeigt hat der Lois nix mehr!

Peepshow

Ich bin nie in Gutau zur Schule gegangen, zunächst aber in der kürzlich aufgelassenen Volksschule Fürling, dann Freistadt und Linz. Grund dafür waren weniger meine schulischen Leistungen sondern zum einen der lange Schulweg und zum anderen eine Affäre, die nachfolgend zu schildern sein wird.

Natürlich gab es noch keine Schulbusse, nach Gutau waren es gerade einmal vier Kilometer, also eine Stunde Gehzeit, der Nachhauseweg beschwerlich, weil ständig bergauf, sodass die Dorfkinder in den Wintermonaten oft „in der Finstern" weggegangen und „in der Finstern" wieder nach Hause gekommen sind. Dann waren noch die Hausaufgaben zu machen, viele mussten auch bei der morgendlichen und der abendlichen Stallarbeit mithelfen. Der Alltag eines Hauptschülers war also nicht rosig, sodass sich so manche Eltern entschlossen, die Buben – aber gerade die Mädchen – in die Oberstufe der Volksschule weitergehen zu lassen. Nach Fürling war es nicht so weit, was sie können mussten, haben sie auch dort gelernt, das „hat's schon getan". Bei den Mädchen legte man meist noch weniger Wert auf eine ordentliche Schulbildung nach dem Motto: „Wast du nicht erlernen kannst, musst du erheiraten". Ich kann mich nicht erinnern, dass es bis zu meiner Zeit in der kleinen Volksschule jemals eine Schulabgängerin vom vierten Schuljahr in ein Gymnasium gegeben hat.

Wenn ein Bub besonders gut in der Volkschuloberstufe war und aus christlichem Hause stammte, was sowieso immer der Fall war, nahm sich der Pfarrer um ihn an und vermittelte einen Platz – und meist auch einen Kostenbeitrag der Kirche – im Aufbaurealgymnasium Horn. Dort konnte man es nach der 8. Klasse Volksschule bis zur Matura schaffen, dann meist ab ins Priesterseminar…

Freilich habe ich in diesen Jahrzehnten auch nur zwei Primizen *(erste Messe eines katholischen Priesters)* aus unserer Gegend miterlebt, die deswegen jeweils große Feste waren. Irgendwie müssen die Aufbaugymnasiasten der Kirche doch wieder abhanden gekommen sein… Als ich in die 4. Klasse Volksschule ging, wurden 48 Schüler simultan in einem Klassenraum von einem Lehrer Dirschl unterrichtet, Zehnjährige bis Fünfzehnjährige…

Der lange Schulweg nach Gutau bot Gelegenheit für allerlei Streiche, heute würde man diese vielleicht nicht mehr lustig finden, der Stammtisch unterhielt sich aber köstlich darüber, womit folgende Botschaft schnell bei meinem Vater landete und den Ausschlag dafür gab, mich im Internat in Freistadt anzumelden.

Der Poldi bekam jeden Tag von seiner Mutter einen Schilling auf den Schulweg mit, um sich in der Mittagspause mit einer Bäckersemmel zu versorgen. Mama fiel auf, dass er dennoch mordshungrig von der Schule heimkam. Sie ließ nicht locker zu hinterfragen, wofür der Bub den Schilling verschwendet haben könnte, bezichtigte ihn des heimlichen Rauchens und anderer Wahrheiten, bis der Zwölfjährige schließlich in Tränen ausbrach: Ein Schulweggefährte machte seine ersten unternehmerischen Gehversuche und bot seinen Kommilitonen gegen einen Eintritt von einem Schilling einen gesicherten und nicht einsehbaren Platz hinter den Findlingen *(Granitblöcken)* in einem Bühel *(kleines Waldstück)*. Dann holte er seine ältere Schwester in die „Arena" und entkleidete sie bis auf das Höschen, beteiligte sie am Eintritt und die Show war nach wenigen Minuten wieder zu Ende. Die überwältigende Nachfrage machte solche Vorstellungen oft drei Mal wöchentlich notwendig, bis die Sache wegen des Hungers vom Poldi aufflog.

Schaukelpferd

Ein „Sonntagsjäger" wollte ich nie werden! Das elterliche Wirtshaus war ein Treffpunkt für die passionierten Jäger der umliegenden Reviere. Vom Hawlik-Sepp erzählte man sich, dass er, während der Arbeitswoche in einem Zimmer in Linz wohnend, am Freitagnachmittag mit dem Autobus ankam, seine Wäschetasche neben dem Hundezwinger deponierte, seinem Hund „Treff" pfiff, das Moped startete und das ganze Wochenende im Revier verbrachte, unterbrochen durch einige Arbeiten an kleinen Baustellen als Dachdecker und Spengler. Am Sonntag wurde der Hund wieder versorgt, die Tasche mit der frischen Wäsche gepackt und dann in den Schichtbus nach Linz gestiegen.

Da waren natürlich einige Wirtshausbesuche beim Wirt in Erdmannsdorf dabei, um Speis' und Trank zu fassen. Man wusste sich in hervorragender Gesellschaft mit Jagdkollegen, wie dem Mulser Hans, dem Muffal-Sepp und dergleichen, die über nichts anderes zu reden wussten, als über das Weidwerk. Die Stammtischsprache war das Jägerlatein.

Während der Arbeitswoche in Linz hatte man ja auch seine Stammwirtshäuser, wo man sich mit prominenten Jägern traf, die oft viel weniger Jagderfahrung hatten, aber splendid *(großzügig)* waren, nicht so auf den Schilling schauen mussten wie die Arbeiter, die zu Hause oft etliche Kinder und die Frau zu versorgen hatten.

Gerne wurden daher Jagdgäste „auf einen Bock eingeladen". So kam auch der Votapek, ein leitender Mann aus dem Linzer Tankhafen, zur Pirsch nach Erdmannsdorf. Am Tag davor saß der Sepp mit seinem Freund Mulser Hans zusammen und beichtete ihm, dass er momentan überhaupt nichts „Passendes" *(einen geeigneten Abschussbock)* für den Votabek habe, noch dazu, wo dieser auch kein besonders guter Schütze sei.

Irgendwem kam dann die Idee: Man spannte zwischen den beiden Büheln *(kleine Waldstücke)* bei der Schartmüller-Kapelle zwei Drahtseile, mein Vater holte mein braunes Schaukelpferd vom Dachboden, dazu ein Rehgeweih, ein paar Ösen wurden montiert, der „Bock" auf die Seile gespannt und hinter der Birke des linken Bühels versteckt.

Der bereits jagdfiebernde Votapek konnte zunächst noch von der Jägerrunde leicht vertröstet werden, der ausgesuchte Bock ziehe erfahrungsgemäß im Morgengrauen aus. Die Wartezeit bis in die frühen Morgenstunden verbrachte man kurzweilig, bei unzähligen Halben, der Jagdgast hielt ja alle frei.

Um fünf Uhr früh verdrückten sich zwei Männer, die auch Bescheid wussten über die Treffsicherheit des edlen Spenders und daher hinter den Steinblöcken des Bühels neben der Kapelle Deckung fanden.

Hinter den Hollerstauden des Stadls, wo sich heute das Gasthaus meines Bruders befindet, wurde Votabek „angesetzt". Im Morgengrauen zog schließlich der versprochene Sechsender aus!

Ein Kracher, Votabek traf tatsächlich, sodass die Sägespäne, mit denen das Schaukelpferd gefüllt war, flogen, das restliche Gestell um das Seil rotierte, wobei sogar Votabek erkannte, dass das Wildbret wertlos war…

Er hat seinen Jagdfreunden das Versprechen abgenommen, diese Schande nicht zu verbreiten, dafür könnten sie „saufen, was sie wollten". Um acht Uhr war das Wirtshaus „bummvoll" von neugierigen Jägern aus Gutau…

Strauka

Brot hatte immer schon einen hohen Stellenwert auf dem ländlichen Speiseplan. Zu jedem Hof gehörte ein Backhäusl im Garten, hinreichend entfernt vom Stadl wegen der Brandgefahr. Die Kunst des Backens wurde von Bäuerin zu Bäuerin weitergegeben. Damit Brotlaibe nicht zu speckig aber auch nicht zu mehlig ausfielen, damit sie nicht verkohlten aber auch nicht zu blass blieben, dafür hatte jede Hausfrau ihre eigenen Rezepte.

Das Aufheizen des Backofens war schon eine Wissenschaft für sich, manche schworen auf Hartholz und manche auf Tanne oder Fichte. Nach einigen Stunden sollte das Ofeninnere die Optimaltemperatur haben. Glut und Asche wurden herausgescharrt und die Backfläche ausgewischt, damit die Brotlaibe nicht russig wurden, aber auch die Temperatur damit geregelt werden konnte. Mit einem grünen Tannenast, dem „Wisch", ins kalte Wasser getaucht, reduzierte man die Ober- und die Unterhitze und gab dem Brot auch noch den besonderen hauseigenen Geschmack. Kontrolliert wurde die Hitze, indem eine Handvoll Mehl eingestreut wurde. Die Bäuerin erkannte an der Zeit, bis das Mehl braun wurde, ob zu viel oder zu wenig Hitze im Backofen vorhanden war, bevor man die riesigen Teiglinge „einschoss". Dazu dienten Holzschaufeln mit langen Stielen, um die Laibe auch ganz hinten im Ofen zu positionieren, damit man möglichst viele hineinbrachte und sich das Backen auch auszahlte.

Als noch viel Gesinde, die Bauersleute mit einer großen Kinderschar, die Auszügler sowie „sitzengebliebene" Tanten am Hof waren, war so ein drei bis vier Kilo Laib an einem Tag verzehrt, sodass man alle zwei Wochen backen musste. Heutzutage kann man schwer glauben, dass zwei Wochen altes Brot noch gegessen wird, aus der „Backbox" kommt es ja stündlich frisch.

Das damalige Brot mit dem von Generation zu Generation am Hof angesetzten „Urai" *(Sauerteig)* hat aber viel länger noch einigermaßen saftig geschmeckt. Wenn es allzu hart wurde, wurde es in die Bledlsuppe, wobei Rahm mit kochendem Wasser verdünnt wurde, „eingeknüpft" *(eingebrockt)*.

Die Riedler Minnerl, heute 95 Jahre alt, versteht sich noch immer auf das Brotbacken und hat mich vor zehn Jahren am Baunschuasta Backhäusl angelernt. Am Anfang habe ich schon einige „Brandteigkrapfen" produziert.

Je weniger Leute wegen der zunehmenden Mechanisierung am Hof waren, desto weniger oft wurde gebacken, bis schließlich die Backhäusl nur mehr als bäuerliche Denkmäler herumstanden und teilweise verrotteten. Der Baunschuasta Bertl hat sein Backhäusl musterhaft renoviert, heute wird daraus der Schweinsbraten zu manchem Feuerwehrfest geliefert.

Die Nachnutzung des warmen Backhäusls nach der Brotentnahme erfolgte oft durch Dörren von Zwetschken oder Birnen *(Kletzen)*, die so für den Winter haltbar gemacht wurden. Vor Weihnachten wurde dann auch das heute noch bekannte Kletzenbrot gebacken.

Auf eine andere Idee der Nachnutzung kam wieder einmal der alte Gutauer, seines Zeichens Auszügler am stattlichen Hof im Nachbarort. Als die „Junge" das frisch gebackene Brot in der Speis auf dem dazugehörigen Rechen aufgereiht hatte, kam der Altbauer in den Garten, hustend und schnaubend wegen seiner akuten Strauka *(Schnupfen)*. Wärme war für alles gut, sodass er den herumspielenden Enkelkindern anschaffte, hinter ihm das Backofentürl abzuspreizen, weil es von innen nicht zu verriegeln war und wenn er klopfe, sei es wieder zu öffnen.

Gesagt, getan! Das Bäuerlein kroch in den geheizten Backofen, die Kinder taten wie befohlen, vergaßen aber darauf, den Großvater wieder zu befreien.

Als der Hofbesitzer in den Garten kam, waren keine Kinder mehr da und er hörte den Vater aus dem Backofen nach Hilfe schreien. „Das Schwitzwasser ist direkt beim Ofentürl herausgeronnen", wusste er im Wirtshaus zu berichten. Strauka hat der Großvater keine mehr gehabt.

Knabbergebäck

„Die Vorsorge gegen Krankheit ist der jüngste Zweig innerhalb der bäuerlichen Sozialversicherung. Dies nicht zuletzt deshalb, weil es für Bauern seit jeher selbstverständlich war, mit den Wechselfällen des Lebens selbst zu Rande zu kommen. Ein Arzt wurde erst in Notfällen aufgesucht und natürlich selbst bezahlt. Die extrem gestiegenen Gesundheitskosten lassen dies heute undenkbar erscheinen, mit Wirksamkeit ab 01.04.1966 wurden alle selbstständigen Bauern in der Krankenversicherung nach den Bauernkrankenversicherungsgesetz einbezogen" (Zitat: www.svb.at)

Viele Männer litten an den Kriegsfolgen, waren durch die Gefangenschaft ausgezehrt und anfällig. Man musste auch viel schwerer arbeiten als heute, was seinen Tribut mit Bandscheiben- und Hüftbeschwerden und alles, was es so im Bewegungsapparat noch gibt, zollte.

Für „Weiberleiden" hat man sich sowieso geschämt. An Gynäkologen war nicht zu denken, die Frauen haben Schmerzen solange verschwiegen, bis sie nicht mehr arbeiten konnten, dann war es meist zu spät. Wenn sie sich überhaupt jemandem anvertrauten, dann der Mutter.

Ich kann mich noch an die alte Strohsackin erinnern, der im Jahr 1970 an einem Sommersonntag-Nachmittag der „Fuß aufgebrochen" ist *(Venenleiden).* Sie schickte die Tochter der Dirn *(Magd)* ins Dorf um Hilfe, Telefon war ja keines im Haus. Hermi kam abgehetzt in die Gaststube und plärrte, dass die Altbäuerin verblute, wir sind zurückgelaufen, fanden die Strohsackin mitten in der Stube auf einem Sessel sitzend, den rechten Fuß in einem Holzschaff, in dem schon 5 cm Blut standen. Weil meine Mutter (als Wirtin) das gleiche Leiden hatte, wusste ich zu helfen, habe das Bein abgebunden und ihr wohl so das Leben gerettet.

Zurück zur Zeit vor 1965, von der mir der Freudenthaler Fritz folgende wahre Begebenheit erzählte:

Am Hof, an dem er Hüterbub war, hatte schon der ältere Sohn einen Magendurchbruch, den er im Freistädter Krankenhaus operieren ließ, als einige Jahre später sein Bruder, der Hofübernehmer, auch über starke Schmerzen im Bauch klagte und sich in Freistadt untersuchen ließ. Dort wurde ein offener Magendurchbruch diagnostiziert, ja es war bereits eine Bauchfellentzündung vorhanden, die lebensbedrohlich war. Der Jungbauer verweigerte dennoch einen sofortigen operativen Eingriff und verlangte stattdessen erst einen schriftlichen Kostenvoranschlag für die Operation, um wieder nachhause gebracht zu werden. Sein Leidensbruder drängte ihn, die verlangten 1300 Schilling (nicht einmal € 100,-) zu investieren, weil ihm damals auch so gut geholfen worden sei. Ein paar Viersambam *(Bäume am Waldesrand)* gefällt, und der Preis wäre leicht finanziert gewesen. Der Bauer hat sich dagegen entschieden, weil es zu teuer und er bei der Arbeit zu lange ausgefallen wäre. Er hat es überlebt, ganz gesund wurde er aber sein Lebtag nicht mehr, die Fisteln im Bauch haben ihn oft geplagt, er hat eine junge Witwe und etliche Kinder hinterlassen…

Der Vater vom Willi hatte einen schweren Verkehrsunfall, als Beifahrer wurde er verletzt, sodass er die letzten Jahre seines Lebens im Rollstuhl verbrachte. Ob man jemals daran gedacht hat, Schmerzengeld zu verlangen, weiß ich nicht. Der Haftpflichtversicherer hat zumindest die Heilbehandlung und damit auch die Tabletten für den alten Rollstuhlfahrer bezahlt, weswegen man auch bezog, was verschrieben wurde.

Jahre nach dem Tod des Vaters ist der Willi an einem Freitagnachmittag im Wirtshaus gesessen, während seine Frau in der Gemischtwarenhandlung meiner Mutter einkaufte. Nachdem er neben seinen zwei oder drei halben Bier ständig aus der rechten Rocktasche knabberte, fragte ich ihn nach seinem Gebäck: „Vom Papa sind noch so viele Tabletten da. Schade sie wegzuschmeißen!"

Der Willi wurde mit zunehmendem Alter immer verwirrter…

Fucking

In den Fünfzigerjahren nutzten viele Jungmänner die Gelegenheit auszuwandern, solange man noch ohne Familie war, weil man den Hof nicht bekommen hat, da ein älterer Bruder da war. Da winkte in unserer Gegend vor allem in Australien das große Geld, ein paar Jahre gut verdienen, damit man sich dann zu Hause etwas aufbauen konnte. Mein Onkel Ludwig ist 1956 nach Australien gegangen, weil ihm sein Freund Franz, ein Nachbarsbub, schon vor einem Jahr von seinem guten Verdienst dort geschrieben hat.

Die Schiffsüberfahrt dauerte sage und schreibe sechs Monate, damit war seine Pflichtteilsauszahlung, die ihm mein Vater aus der Mitgift meiner Mutter zu leisten hatte, schon verbraucht. Als Arbeiter einer Schiffswerft verdiente er gut, aber auch das Leben in der „Neuen Welt" zehrte einiges auf, sodass er Anfang der Sechzigerjahre keineswegs reich heimkehrte und in der Linzer Schiffswerft weiterarbeitete. So mancher ist aber auch „drüben geblieben", hat dort seine Familie gegründet, aber dass einer so richtig reich geworden wäre, davon habe ich nie erfahren.

Der Kogler Franzl hat es in Australien zu einem bürgerlichen Wohlstand gebracht und seiner Mutter ein paar Mal im Jahr geschrieben, wie es ihm und seiner Familie gehe und Fotos vom Haus, der Gattin und den Kindern geschickt. Persönlich kennengelernt hatte die alte Koglerin meines Wissens ihre australische Schwiegertochter und die Enkelkinder – bis auf den „Franky" – nicht.

An jedem Stefanietag *(26. Dezember)* traf die Koglerin schon früh bei meiner Mutter in der Küche ein, weil einmal im Jahr um siebzehn Uhr der Franz aus Australien anrief, Telefon hatte man ja zu Hause keines. „Skypen" war nicht angesagt, von Österreich aus hätte das Telefonat nach Australien pro Minute so um die fünfzig Schilling gekostet, umgekehrt weiß ich es nicht.

Die Koglerin hat natürlich geschaut, dass es dem Buben nicht zu teuer komme und hatte den Anruf um Punkt fünf jedes Jahres mit denselben Worten entgegengenommen: „Grüß dich Franzl, da ist die Mama, ich hoffe es geht euch gut, ein gutes neues Jahr!" Der Anrufer kam in diesen nächsten zwei Minuten nicht zu Wort.

Als ich schon in die Maturaklasse ging, kündigte mir die Koglerin den Besuch ihres Enkelsohnes Franky an und bat mich, mich seiner anzunehmen, weil er kein Wort Deutsch und sie kein Wort Englisch könne. Zu Beginn unserer Sommerferien kam Franky in Erdmannsdorf mit seiner Norton *(Motorradmarke)* an, die er nach seiner Ankunft in England gekauft hatte, um damit seine Europareise zu machen. Aus dieser Zeit stammt auch das Gerücht über die Unterhaltung zwischen Großmutter und Enkelsohn (von mir nicht übersetzt) mit dem ungefähren Wortlaut: „Was habt ihr denn in Australien für Tiere?" „Wir haben Kängurus, das sind die Tiere, die auf den Schwänzen sitzen!" „Die haben wir auch, wir nennen sie Filzläuse".

Meine Englischkenntnisse wurden arg auf die Probe gestellt. Der um einige Jahre ältere Franky war aber die Sensation bei den Mädchen, die weder er sie noch sie ihn auch nur mit einem Wort verstanden, nur, weil er so „anders" – wenn auch nicht gerade ein Playboy war.

Innerhalb der beiden Ferienmonate sind wir auf der Norton durch Oberösterreich getourt. Ich habe ihm die schönen Plätze unseres Landes gezeigt, zumindest die wenigen, die mir damals bekannt waren. Als der Abschied und seine Rückreise bevorstanden und Frankys Flug ab Wien nach Sidney gebucht war, habe ich meinen neuen Freund in den letzten Tagen vor der Trennung gefragt, was er sich denn noch wünsche, bevor es ans Scheiden gehe: „The Austrian are fucking in the heystag, this is the only thing, I want to do."

Bei der Abschiedsfeier in unserem Wirtshaus war der Andrang der Dorfmentscher *(Dorfmädchen)* so groß, dass ich ihm auch diesen Wunsch im Heustadl meines elterlichen Hofes erfüllen konnte, er fuhr mit glänzenden Augen zurück nach Australien. Von Franky habe ich nie wieder etwas gehört.

Mysterium

Hugo von Hofmannsthals „Jedermann" - das Spiel vom Sterben des reichen Mannes - war als ein Höhepunkt der Salzburger Festspiele bei Fernsehbesitzern allgemein bekannt. Die Stars Walther Reyer, Curd Jürgens, Maximilian Schell und Klaus Maria Brandauer am Salzburger Domplatz waren im Sommer jeden Jahres in den Medien präsent, wurden verehrt und bewundert.

Das kulturelle Leben in unserer Gemeinde war durchaus rege, alljährliche Theateraufführungen der Theaterrunde Gutau bestens besucht. Geboten wurde aber nie der „Jedermann", sondern meist Volksstücke, mit denen ortsansässige Hauptdarsteller zu Ruhm und Ehre kamen. Hie und da einmal ein moderner Schwank, großteils war aber das Bedürfnis der Besucher zu befriedigen, lachen zu können.

Bei vielen war aber dennoch auch der Wunsch geweckt, einmal den „Jedermann" live zu sehen, was freilich kaum erfüllbar war. Zum einen waren die Vorstellungen in Salzburg ohnehin oft auf Jahre ausverkauft, zum anderen die Anreise, der Aufenthalt und der Eintritt fast unerschwinglich.

Umso mehr fand ein Flugblatt eines regionalen Busreiseveranstalters Beachtung, der den „Jedermann" samt Fahrt und Eintritt um einen Spottpreis angeboten hatte.

Das sprach sich auch in Gutau rasch herum und flugs war ein Bus mit Abfahrt vom Marktplatz am Samstagnachmittag ausgebucht.

Eine gewisse Nervosität war unter den mit den besten Steireranzügen „angetanen" Männern und die schönsten Dirndln tragenden Frauen schon vorhanden, als man vor dem Gasthaus Resch auf den Bus wartete. Die kulturbeflissenen Gutauer wussten ja, welches gesellschaftliche Ereignis auf sie zukam.

Die Anspannung wurde während der kurzweiligen Busfahrt größer, man wunderte sich aber, dass „man schon da war", als der Fahrer die Erreichung des Ziels ankündigte und eine Helferin die Eintrittskarten austeilte, den Preis kassierte und abgesprochen war, wann und wo nach der Vorstellung man sich zur Heimfahrt wieder treffe.

Nach dem Aussteigen suchten der eine oder die andere vergeblich den Berg, von wo der Tod herunterschreit und die schöne Burg, die von der Freiluftarena zumindest im Fernsehen zu sehen war. Die Kirche, die Bühne davor und die vielen Sessel sah man wohl…

Auch die Inszenierung war mit der im Fernsehen nicht zu vergleichen, die Mundart tat wohl, die „Zweitbesetzung" des Curd Jürgens spielte überraschenderweise heute einen Bauern, der mächtig stolz auf seinen Hof war, seinen armen Nachbarn und eine arme Frau ihrer Armut wegen verhöhnte, dafür mehr auf seine städtischen Kumpanen setzte, die ihm nach dem Mund redeten. Als der Tod ihn rief, verließ ihn seine Geliebte als erste…

2017 feierte man 95-Jahre „Mondseer Jedermann". Auch im angesprochenen Jahr war die Heimfahrt kürzer als von Salzburg, alle waren zufrieden und um einen Kulturgenuss reicher.

Dessous

Büstenhalter, man wusste schon, dass es so etwas gibt und von den feinen Damen in der Stadt getragen wurde. „Zu kaufen hat es sie aber nicht gegeben", womit die Riedlerin wohl die Greißlerei meinte, nach Linz ist sie ja sowieso nie gekommen. Für besondere Festlichkeiten und wenn die Natur es unbedingt notwendig machte, hat man sich aus seinem Leintuch etwas „Erhebendes" geschneidert, bei der Arbeit wurde das natürlich nicht gebraucht.

In der kalten Jahreszeit trugen die Halbwüchsigen – aber auch die Erwachsenen – einen Hussinant. Ein Einteiler aus Barchent *(grobes Mischgewebe aus Wolle und Leinen)*, der im Schritt offen war, sodass man seine kleinen und großen Geschäfte ohne viel knöpfeln verrichten konnte. Die „erotische" Fortentwicklung waren im Winter dann die rosaroten, halblangen Unterhosen und in der Übergangszeit selbst geschneiderte knielange Unterhosen aus alten Leintüchern, immer noch mit praktischer Schrittfreiheit. Die Unterröcke, Röcke und Schürzen gingen weit über die Knie hinunter, was brauchte Frau in der heißen Jahreszeit mehr?

Der lange tägliche Schulweg vom Fritzl führte ihn pünktlich beim Zeitlberger vorbei, wo die Altbäuerin immer um geschlagen sieben Uhr neben dem Hoftor stand und den Schüler das Wichtigste fragte, wie es den Bauersleuten so gehe, ob das Vieh gesund sei, wie das Mostobst heuer gediehen sei, und, und, und… Dieses Gespräch wurde von einem Plätschern begleitet, das Fritzl dem Hausbrunnen zuordnete, bis die Peitlbergerin eines Tage zufällig einmal nicht heraußen stand und auch kein Plätschern mehr zu hören war… Jetzt wusste der Fritz, warum die Bäuerin jedes Mal so „gespreizt" dagestanden ist, wenn sie mit ihm plauderte.

Derart erleichterten sich die Frauen auf oder gleich neben dem Kirchensteig, damit es ihnen dann während der heiligen

Messe nicht so pressierte. Wenn mir die Minnerl dann noch von den schafwollenen Kniestrümpfen erzählte, die in der Kniebeuge eine Einnaht hatten, damit sie wenigstens dort nicht kratzten, konnte ich wieder einmal eins und eins nicht zusammenzählen.

Wie man mit der Monatshygiene umgegangen sei, konnte die Riedlerin leicht erklären. Es gab schon Monatsbinden zu kaufen, nämlich „mehrweg", oft waschbar, bis dann später die Wattesäcke aufgekommen sind. Für wochentags hat man sich ein paar Leinenfetzen zusammengeschnitten und nach dem Waschen hinter dem Haus zum Trocknen aufgehängt, es mussten die Männer ja nicht von weitem sehen, dass eine im Haus die „Schicht" *(Monatsregel)* hatte.

Die Lehner Miazl hätte so gerne einmal ein Unterhöschen getragen und begründete dies ihrer Mutter damit, dass ihr „… die Männer beim Dreschn immer so unter den Kittel gaffen…".

Ein anderes Bauerndirndl hat ihrem Vater weinend gebeichtet, schwanger zu sein und dabei gleich auch die Schuld auf ihn geschoben: „Hättest mir eine Unterhose gekauft, hätte ich keinen Gschrappen zusammengefangt."

Minnerl

Die Riedlerin, Jahrgang 1922, lässt mich an meiner Einschätzung zweifeln, dass die ausgeschundenen Bauern und Bäuerinnen nicht alt geworden sind. Wenn mein Vater, im 63. Lebensjahr gestorben, zu seinem Sechziger kaum mehr einen noch lebenden Schulkollegen hatte, so beweist die Minnerl das Gegenteil.

Wirtshausgeschichten waren und sind nicht immer Gaudigeschichten, weshalb ich den Lebenslauf der Hermine Lamplmayr zum Anlass nehme, einmal auf eine Pointe zu verzichten, weil zum Lachen hatte sie nichts, die Minnerl, wenn ihr auch der Humor bis heute nicht ausgegangen ist. Die ersten zehn im Weltcup der Schispringer und die aktuellen ersten fünf in der Formel 1 kann man bei der 95-jährigen jederzeit auswendig und fehlerfrei in Erfahrung bringen, wenn auch der Fernseher schon sehr laut aufgedreht ist, als ich sie überraschend besuche um mit ihr über die Unterwäsche der Mädchen und die Sexualaufklärung in den Vierziger- und Fünfzigerjahren zu reden. Wen sollte man sonst fragen, wenn die Wirtin Anna Resch es nicht glauben will, dass die Weiberleut in dieser Zeit noch keine Unterhosen angehabt haben?

Ob sie es gut erwischt hat mit dem Riedlerhof?
„Tschineuln *(schwer arbeiten)* habe ich mein Lebtag müssen in diesen Leitn *(Steilhängen)*".

Zu Hause waren sie fünf Mädchen, bis der Vater eines Sonntags vom Frühschoppen heimgekommen ist und zur Mutter Aloisia sagte: „Jetzt kriegen wir einen Knecht!" Seine Frau hat nicht dagegen geredet, eigentlich sei es doch besser, wenn ein Bub einmal das Haus bekomme und nicht eines von den „Mentschern" *(Mädchen)*. So kam der achtjährige Josef zum Martin z'Wienau *(Hausname)*. Er musste zuerst einmal entlaust werden. Die Minnerl hat ihn draußen auf der Gred *(Hauszugang)* im Hof die Haare kurzgeschnitten, sonst hätte er alle Mädchen mit seinen Läusen angesteckt. Das hat der Pepperl

(Kosename für Josef) der Minnerl sein Lebtag nicht verziehen, recht mögen hat er sie nie.

Der Pepperl war ein Halbwaise, sein Vater ist in der Steiermark beim Straßenbau verunglückt, dadurch ist seine Mutter narrisch geworden und ins Narrenhaus gekommen, weil sie ein paar Mal versucht hat, den Säugling Josef umzubringen. Der Bub kam in ein Heim, in dem furchtbare Zustände herrschten, sodass sich schließlich der Weitersfeldener Bürgermeister seiner annehmen musste, weil der Vater von da abgestammt hat.

Der brave Bauer mit lauter Weiberleut musste nicht lange überredet werden, da brauchte man keine Fürsorge, das wurde am Biertisch ausgemacht. Der Pepperl hat dann den Hof doch nicht gekriegt, weil er eine Bedingung gestellt hat: „Nur wenn mich die Rosa heiratet, sonst lern ich was!". Die Rosa war eine von den fünf Mädchen beim Martin z'Wienau, die wollte ihn aber nicht!

Die Minnerl ist dann viel auf Saisonarbeit gewesen, das hat hauptsächlich das Arbeitsamt vermittelt. Beim „Bäumelsetzen" *(Waldbäume pflanzen)* in den Wäldern der Sandler Herrschaft Czernin-Kinsky, da bekam sie auch die Politik zu spüren, wenn die „roten Holzhacker" mit einem „schwarzen" Bauernmensch nicht an einem Tisch sitzen, ja nicht einmal mit ihr reden wollten. Bei der Rübenarbeit in Eferding oder beim Straßenbau, wo auch die Weiberleut Steine anbohren, klopfen und schleppen mussten, bis sie schließlich der Wirt z'Erdmannsdorf, ihr Cousin (mein Vater), holte, um dort „Mädchen für alles" zu sein. Vom Servieren bis zum Wasen *(Rasenziegel)* schleppen im Zuge des Strohdachdeckens.

Damit hatte das Schicksal ihren letzten – nicht weniger mühevollen - Abschnitt besiegelt.
„War es die Liebe zum Riedler Poidl?" „Schau, er ist ein braver, arbeitsamer Mann gewesen, gerade vom Krieg heimgekommen und hat sich nicht unter die Leute getraut, weil sein Vater gesessen ist im Nazi-Häfn in Pucking, und weil er auch kein ordentliches

Gewand dazu hatte. Ich wollte ihn überreden, dass wir mein Elternhaus in der Wienau übernehmen, das war ein ebenes, leicht zu bearbeitendes Gehöft, nicht so eine Schinderhütte *(extrem hanglagiges Anwesen)* wie das Riedler! Er konnte aber seine Leut, seine Eltern und die blinde Schwester mit ihrem ledigen, schwerstbehinderten Kind, nicht alleine lassen."

Kurz vor der Hochzeit 1949 ist der Schwiegervater nach zwei Jahren Arrest aus dem Gefängnis entlassen worden. Er war ein Nazi und Ortsbauernführer in Gutau. Wenig später haben die jungen Hofübernehmer die Rechnung präsentiert bekommen. Sie mussten für ihn „Sitzgeld" bezahlen. Für die Haftkosten ist die Mitgift der Minnerl draufgegangen.

Die Anna, die Schwester vom Poidl, war seit ihrem achten Lebensjahr blind, als Folge einer Gehirnhautentzündung. Während des Krieges hat sie dann auch noch ein Kind gekriegt, den Pepperl. Wer der Vater war und warum der Bub schon schwerstbehindert auf die Welt gekommen ist, darüber will sie nicht reden, da gibt es nur Gerüchte, die man schnellstens wieder vergessen sollte… Der Bub ist 47 Jahre alt geworden, hat sein lebtaglang keinen Schritt gehen, nicht sitzen und nicht reden können. Der „Lackl" *(gewichtiger Busche)* musste täglich gefüttert und geputzt werden, meistens lag er in einem Leiterwagen, den seine blinde Mutter mit zur Feldarbeit gezogen und im Schatten abgestellt hatte, bis sein Brüllen nicht mehr auszuhalten war. Die blinde Nannerl *(Kosewort für Anna)* hat ihn bis zu seinem letzten Tag gepflegt, ihn in ein Heim zu geben, wäre nie in Frage kommen. Sie hat dann noch acht Jahre gelebt und bis zum Schluss mitgeholfen soweit es ging, Reisig gehackt, Eier „abgetragen" *(eingesammelt)* und das Notwendigste im Haushalt gemacht.

Fünf Kinder hat die Minnerl zu Welt gebracht. Der Hansi ist im Alter von sechs Jahren an einer Gehirnkrankheit gestorben, „den hat die Gescheitheit erdrückt…".

Heute lebt die Minnerl mit Poldi jun. alleine am Hof, ihren Humor hat sie nicht verloren.

Bürgermeister

So viele uneheliche Kinder wie heutzutage gab es nicht, aber nur deswegen, weil das Heiraten heutzutage „aus der Mode" gekommen ist. Viele Mägde und Töchter von Kleinhäuslern waren nicht in der Lage, ihre Kinder aufzuziehen, ohne ihren Arbeitsplatz zu verlieren. Schon die Schwangerschaft gefährdete den Verbleib am Hof, weil sie natürlich die Arbeitskraft beeinträchtigte. Einen „Gschrappen" dann noch mitzufüttern und durch seine Pflege von der Arbeit abgehalten zu sein, das kam für die meisten Hofherren nicht in Frage. Oft wollte man die Dirn *(Magd)* auch los werden, weil der Kindesvater sie nicht länger duldete und er dort das Sagen hatte… ihm die Vaterschaft anzuhängen hätte geheißen, in der Umgebung keinen Dienstplatz mehr zu bekommen.

Die Mütter waren daher gezwungen, das Kind in Pflege zu geben. Die Fürsorge vermittelte solche Pflegeplätze bei älteren Frauen, die sich damit ihren Lebensunterhalt verdienten, weil der Staat – in seltenen Fällen der bekannte Kindesvater – dafür bezahlen musste. Manchmal ist der Kontakt der Mutter zum Kind völlig abgerissen, weil der Pflegeplatz zu weit weg war und die Kindesmutter weder Zeit noch Geld für einen Besuch hatte. Mit 13 bis 14 Jahren kamen dann die Kinder oft als Hüterbub oder Haushaltshilfe zu Bauern und das Schicksal der Mutter wiederholte sich…

Ich kann mich noch an die letzte Dirn im Haus erinnern, die ihre ledige *(außereheliche)* Tochter an eine Gutauer Ziehmutter abgegeben hat.

Wie immer in diesen Geschichten schweife ich aber vom Thema ab und nehme es nur zum Anlass, eine letzte, bewegende Erzählung vom Böcklhofer Toni wiederzugeben.

In den Vierzigerjahren gab es genauso riesige Sturmschäden im stark bewaldeten Mühlviertel, wie sie auch heute vorkommen. Gerade die Herrschaftswälder im Norden, in Sandl, Weitersfelden und Liebenau, waren schwer geschädigt, sodass sich die

Holzhacker aus der Steiermark aufmachten, in den Krisengebieten ihr Geld zu verdienen. Die Holzrückungen waren im Winter leichter als im Sommer und der Borkenkäferbefall erforderte eine rasche Aufarbeitung.

So kam ein Holzhacker mit seinem Rucksack auf der Lasberger Haltestelle der Summerauer Bahn an, um Quartier und Arbeit zu suchen. Er marschierte durch den Schnee Richtung Nordosten und fragte immer wieder nach einem Zimmer, aber unter der Bedingung: „Beheizt muss es sein!" Damit holte er sich regelmäßig einen Korb, für Dienstboten gab es keine warmen Zimmer, außerdem: Musste er doch untertags im Wald arbeiten, was braucht er da einen beheizten Schlafraum?

In Stumberg, Gemeinde Weitersfelden, traf er auf ein völlig in der Einschicht *(Abgeschiedenheit)* gelegenes Häusl mit einer Kriegswitwe. Diese fand zwar auch den Wunsch des Holzhackers seltsam, meinte aber, sie könne ja die Stubentür zum Kammerl offen lassen, dann würde es dort schon warm genug sein. Der Mann nahm das Angebot an und begann auszupacken. Es kam ein in Fetzen eingewickelter – etwa einjähriger – Bub hervor. Jetzt wusste die Häuslerin, dass das luxuriöse Begehren des Kindesvaters einen Sinn hatte.

Der Mann musste Rede und Antwort stehen und erzählte vom Tod seiner Frau im Kindbett, sodass er den Buben alleine aufziehen müsse.

Er hat es gut getroffen in dieser Not. Die Witwe kümmerte sich um den Kleinen, sodass er beruhigt seiner Arbeit nachgehen konnte. Als die Zeit der Trennung nach getaner Arbeit da war, rückte die Frau mit einem Wunsch heraus: Ob er ihr den Buben nicht da lassen könne, so sehr sei ihr ans Herz gewachsen.

Der Vater traf eine Entscheidung der Vernunft und gegen sein Vaterherz.

Der Junge hat ihn einige Male in der Steiermark besucht, wurde ein geachteter Straßenarbeiter und Bürgermeister.

Lügenwirt

Mein Großvater Ludwig Schartmüller, geboren 1886, war den damaligen „Mühlviertler Nachrichten" eine Titelseite wert mit der Überschrift: „Der liagade Wirt ist 80".

Weniger aufgrund seiner Prominenz, mehr wegen seines für damalige Zeiten biblischen Alters.

Obwohl, eine große Bekanntheit konnte man ihm nicht absprechen, war er doch ein Wirteoriginal, wie es heute kaum mehr zu finden ist. Von hagerer Gestalt sehe ich ihn heute noch vor mir beim Abdrehen der Kasziagerl *(Ziegerlkäse, nicht „Ziegenkäse", war und ist eine regionale Topfenspezialität)*. Mit der Hand formte er kleine Käsegupferl, etwa in Form und Größe von Schwedenbomben, dabei konnte er manchmal das Nasentröpferl nicht mehr im Zaum halten. Die Ziegerl wurden sorgsam auf ein Brett in der Länge einer Fensterlaibung aufgereiht, um sie in die offenen Tanzbodenfenster zum Trocknen zu stellen. Wenn er sein Mittagsschläfchen hielt, haben wir Buben von Nachbars Kellerdachl aus mit der Steinschleuder versucht, sie vom Brett zu schießen. Bei einem Treffer landete der Käse im Getreide, das im Tanzsaal aufgeschüttet war. Die Körndl und den Staub etwas abgeblasen wurden sie trocken in ein irdenes Häfn *(Tontopf)* gequetscht, um dort zu reifen. Außen speckig, innen ein weißer Stern, gestunken haben die! Das war die Spezialität des Wirtshauses. Ich habe mein Leben lang noch nie einen Ziegerlkas gegessen.

Überreife Kasziegerl haben sich manchmal schon „gerührt", daher der Spruch: „Dass dir da der Ziegalkas hoid net vom Jausenbrettl rennt, wennst so langsam bist!".

Im Sommer waren die Sommerfrischler der Wiener Gebietskrankenkasse beim Pils-Wirt in Gutau einquartiert. Dieser Kuraufenthalt bot nicht gerade viel Abwechslung, ein wöchentlicher Spaziergang die vier Kilometer nach Erdmannsdorf gehörte aber dazu, um sich den „liagaden Wirt" anzuhören. Vater hatte nicht allzu viel Freude mit diesen Gästen, weil sie „hoaglich" *(wählerisch)* waren und nicht viel konsumierten.

Die Unterhaltung wurde dem Großvater überlassen, die Bewirtung meist uns Kindern, weil der Opa dafür schon zu roglich *(greisenhaft)* war und sich während seiner Geschichten allzu oft an die Schank wandte, sodass er am Abend einen „sitzen hatte" und von uns Kindern in sein Auszugszimmer geweist *(geführt)* werden musste.

Meine Geschwister hat das weniger interessiert, sie waren ja auch noch zu klein, ich bin aber gerne in der Gaststube geblieben, habe die paar Kracherl *(Limonaden)* eingeschenkt und immer wieder dieselben Geschichten meines Großvaters gehört, sodass ich sie auch heute – fünfzig Jahre später – noch zu erzählen weiß und jetzt niederschreiben muss, damit diese urigen Beispiele von Wirtshausgeschichten vielleicht einmal das eine oder andere unserer Kinder oder Enkelkinder nachlesen kann.

Einige der Geschichten stammen vom „liagaden Wirt". Die meisten habe ich später hinter dem Kachelofen aufgeschnappt, wenn der Wirtshausdisput so richtig im Gange war und ich mich vor dem Zubettgehen drücken wollte.

Meine Mutter mahnt mich heute noch: „Pass auf, sonst wirst du ganz der Ludwig!" Ob diese Geschichten wahr sind oder nicht, spielt meines Erachtens nicht die große Rolle, Erdmannsdorf ist überall…

Am 22. März 1968 ist er gestorben, der „liagade Wirt", ein klitzekleiner Teil seiner Geschichten hatte sich bewahrheitet:

Gegen Ende des Ersten Weltkrieges, Ludwig war nie eingerückt, bekam der gut Dreißigjährige die „hinfallende Krankheit" *(Epilepsie)*, nach damaligen medizinischen Erkenntnissen unheilbar. So begab er sich zu einer Wenderin *(Wahrsagerin)*, um doch noch sein Heil zu suchen. Viel gab er nicht auf diese „Kunst" aber „hilft's net, so schadet's net".
Die Therapie: „Wennst in der Fastenzeit nix mehr rauchst, kein Fleisch isst und nix mehr saufst, wirst wieder gsund!", wird ihn wohl geschreckt haben. Als er am Nachhausweg am Lasberger Friedhof vorbeiging dachte er sich: „Wirst bald drinnen lieg'n in dem Petersilgartl."

Solange ich zurückdenken kann, hat der Großvater am Faschingsdienstag seine letzte Zigarette geraucht, die Schwiegertochter musste ihm täglich sein Weinchateau (aufgeschlagene Eier mit Weißwein) machen, nur mit dem Trinken, das hat er es nie so ernst genommen… bis es nach der Auferstehung *(Karsamstag)* dann auch wieder mit dem Rauchen und Essen ungezügelt weiterging. Zum Dank für seine Genesung hat er die Schartmüller Kapelle gebaut.

Sein Todestag, der 22. März 1968, war drei Tage nach dem „Josefitag", einem „Bauernfeiertag" der damaligen Zeit, ein Tag in der Fastenzeit. Todesursache: Verbrennungen beim Zigarettenrauchen!

Sein Todestag, der 22. März 1968, war drei Tage nach dem „Josefitag", einem „Bauernfeiertag" der damaligen Zeit, ein Tag in der Fastenzeit.
Todesursache: Verbrennungen beim Zigarettenrauchen!